Peter Righi

Oh!
Wandern am Gardasee

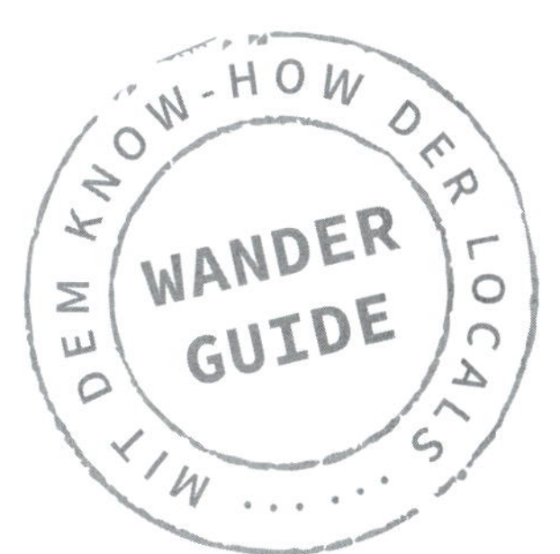

Peter Righi

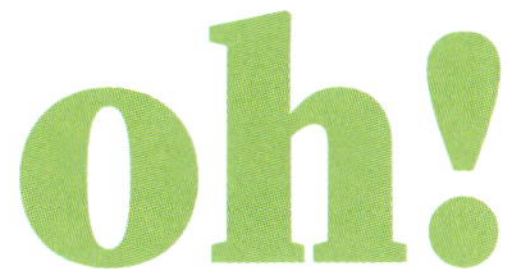

Wandern am Gardasee

Folio Verlag

”

„Nicht alle, die wandern,
sind verloren.“

J. R. R. Tolkien

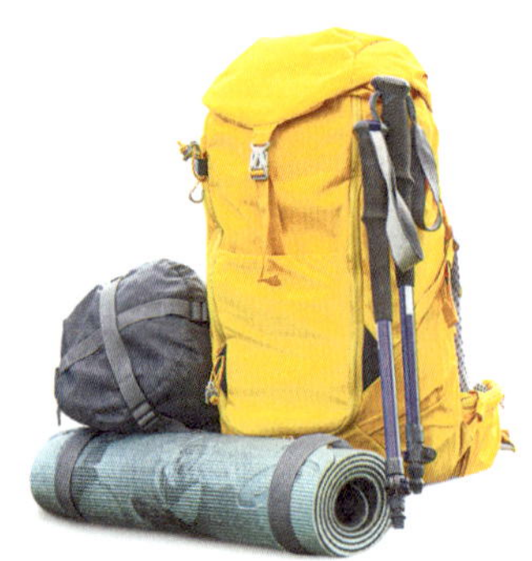

**„I muas endlich
übern Brenner,
i muas endlich
übern Brenner**

**Fahr schnell raus
auf an Kaffee**

**und dann san's nur no
zwoa Stund zum
Gardasee …“**

**Hannes Ringlstetter –
Oimara – Max Kronseder**

Anhören

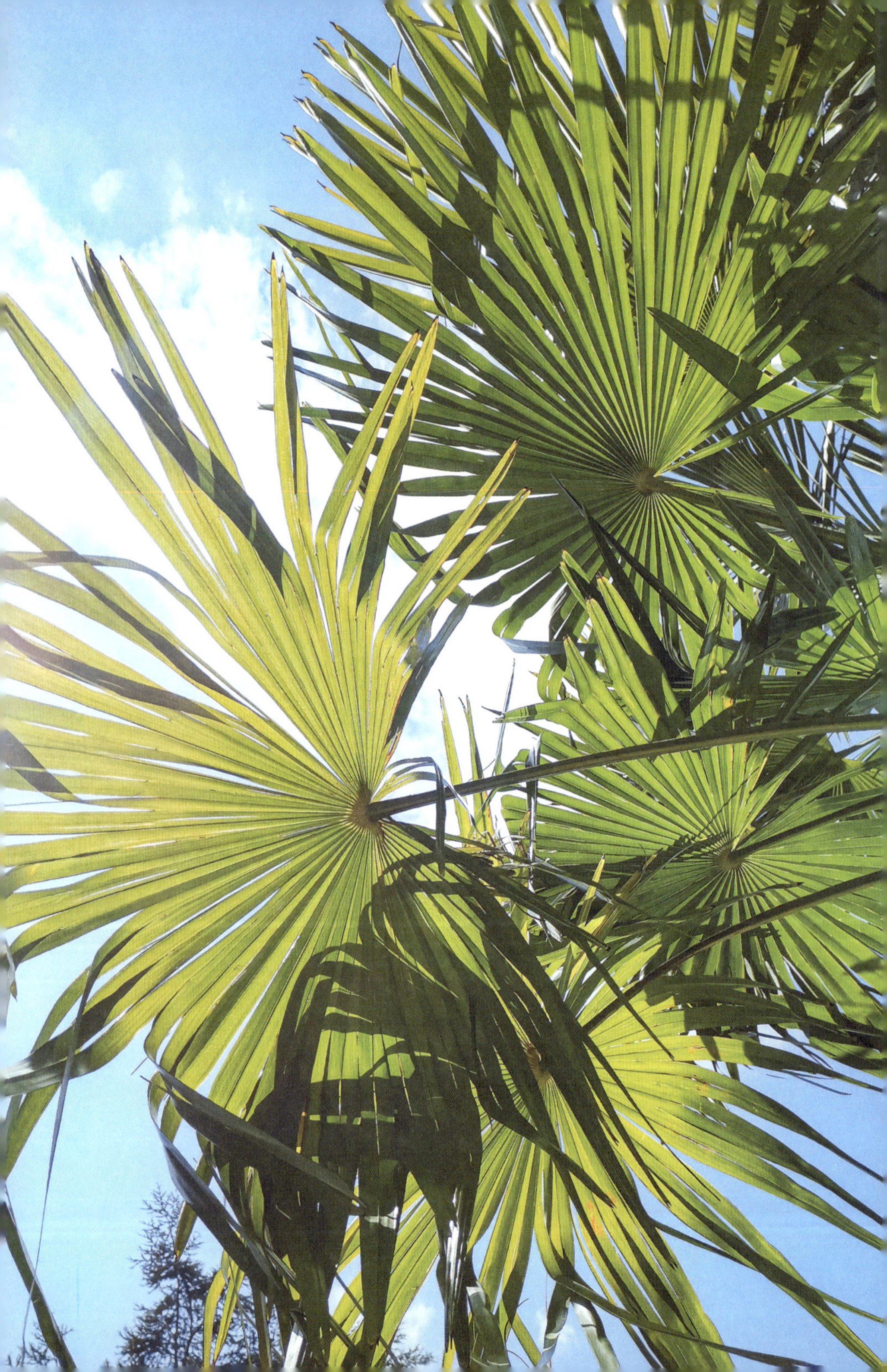

oh!

INHALT

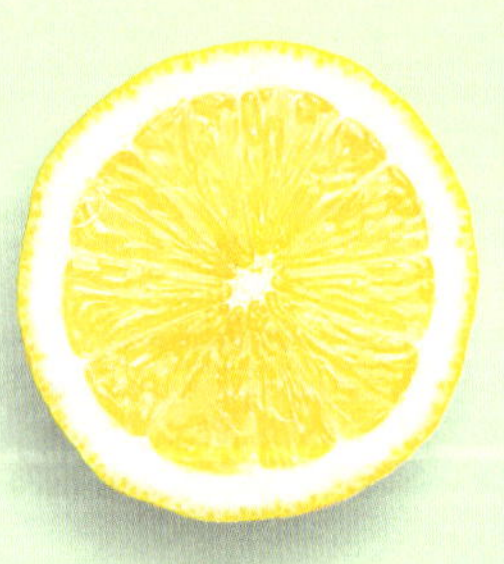

Torbole gegen Süden >

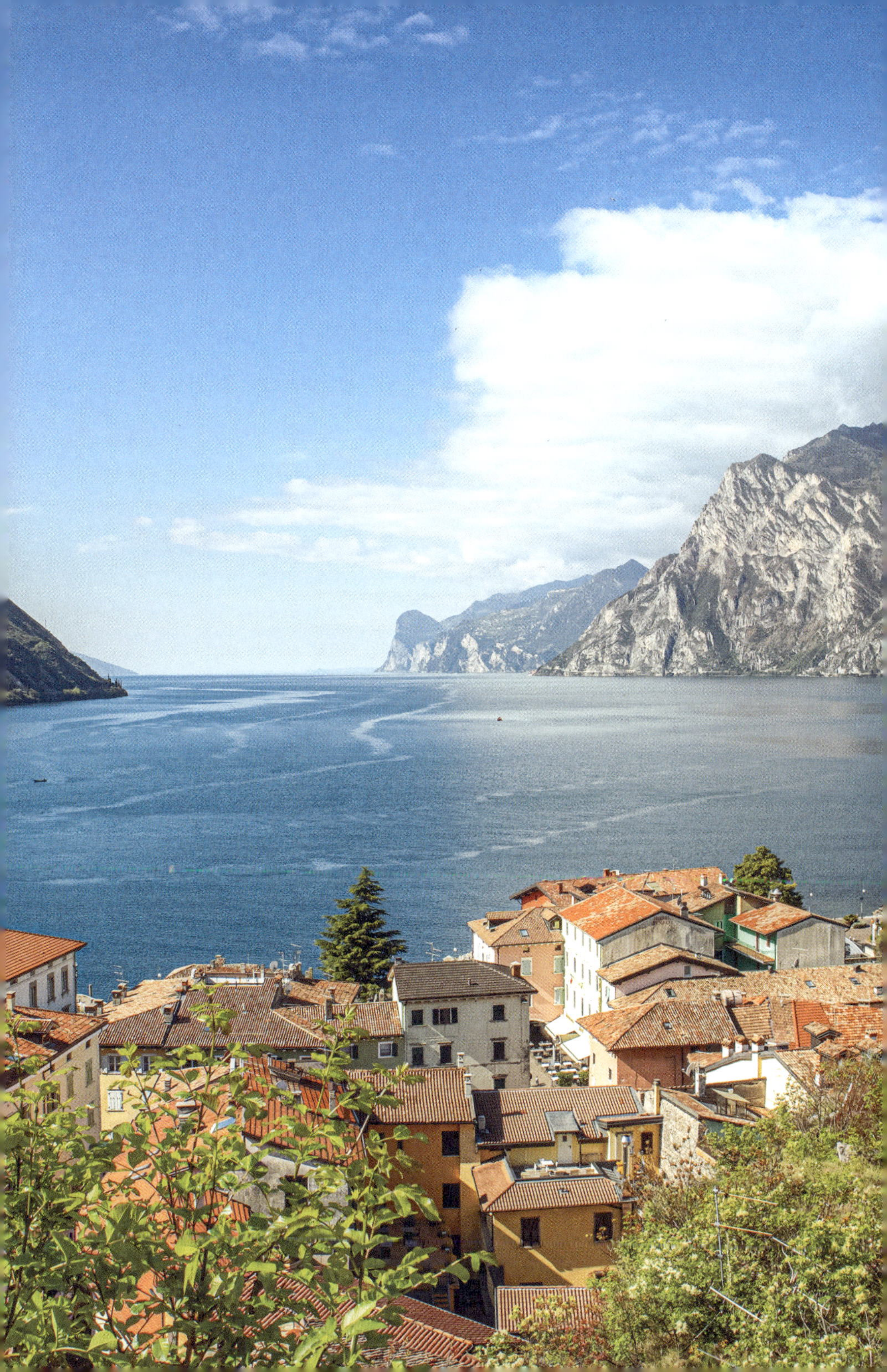

Sehnsuchtsort Gardasee

Der Gardasee, eine Landschaft von zeitloser Schönheit, bezaubert auf eine Weise, die kein Reiseführer oder Wanderbuch je wirklich erfassen wird können. Möglicherweise übernehmen in Zukunft KI-gesteuerte Rechner die Beschreibung von Touren und Wanderungen, aber werden sie jemals das Gespür für die Orte rund um den See entwickeln, in die einzutauchen bei jeder und jedem von uns unterschiedliche Emotionen auszulösen vermag?

Dieses Buch versammelt Vorschläge für Routen, die vielfach abseits der großen Touristenströme liegen und die sowohl anspruchsvolle Pfade als auch einfache Spazierwege einschließen. Dabei habe ich nicht nur visuelle Eindrücke auf mich wirken lassen, sondern auch Begegnungen mit Menschen und Geschichten, von denen ich unterwegs erfahren habe.

Auf meinen Wanderungen und Radtouren rund um den Gardasee hat mich diese Vielfalt der Landschaft und Flora fasziniert, die seit jeher Besucherinnen und Besucher in ihren Bann zieht. Der See entfesselt die Kreativität von Kunstschaffenden, bestenfalls hilft er, Lebenskrisen zu überwinden. Maler:innen und Fotograf:innen haben das einzigartige Licht des Gardasees eingefangen, Autor:innen sich von seiner Magie inspirieren lassen. Goethe verewigte in seinen Tagebüchern auf der „Italienischen Reise“ den Ort Malcesine, Maria Callas verspürte in Sirmione eine *divina emozione* (ein göttliches Gefühl).

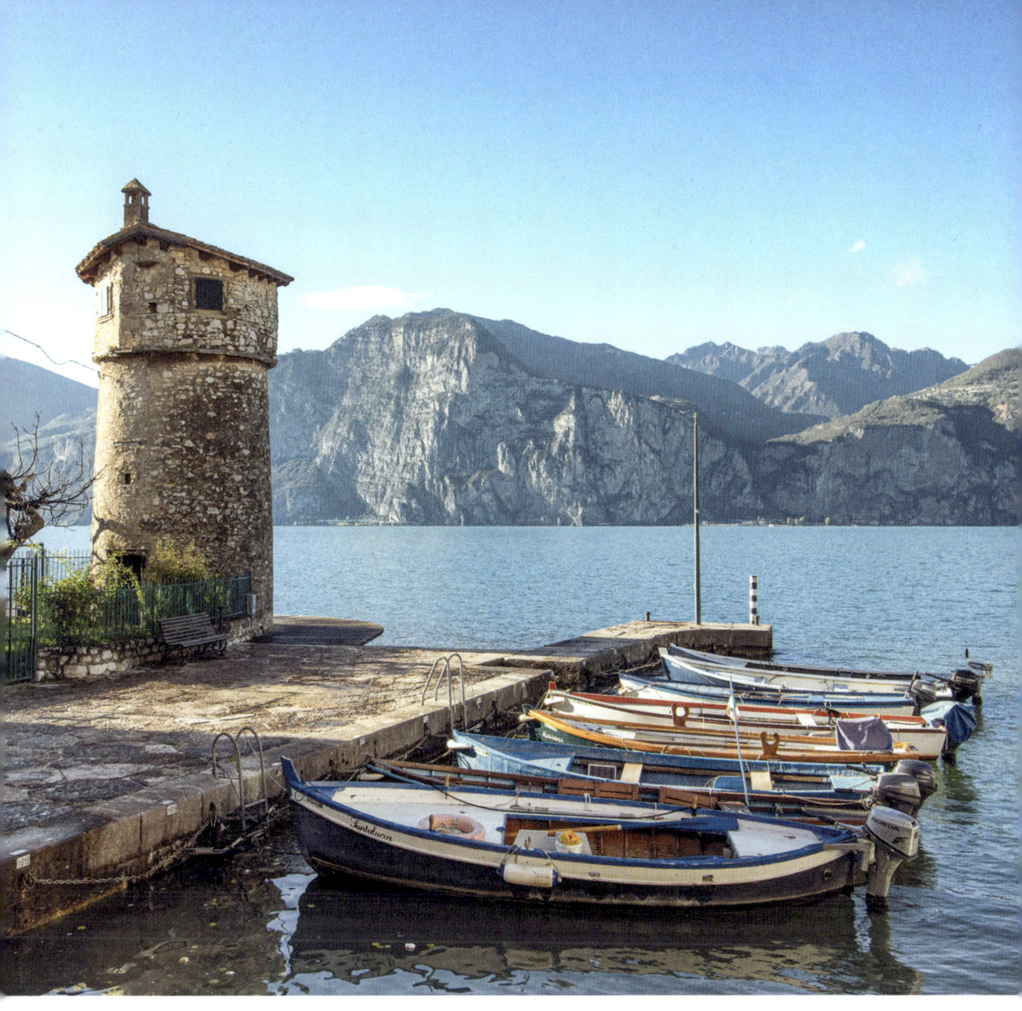

Am Hafen von Cassone

Für mich persönlich ist der *Lago* ein Sehnsuchtsort, der bei mir – egal ob beim Klettern, Wandern, Radfahren, Paddeln, Schwimmen oder schlicht beim Nichtstun – ein behagliches Gefühl, Wohlbefinden auslöst. Allein schon der Anblick der bunten Segel von Booten, Surfbrettern und Kites stimmt mich heiter – es ist eine Region, die ich wiederholt aufsuchen muss, um in dieses einzigartige Lebensgefühl einzutauchen.
Dabei erfreut mich der See stets verlässlich, entlockt mir immer wieder ein Staunen – oh! Gardasee.

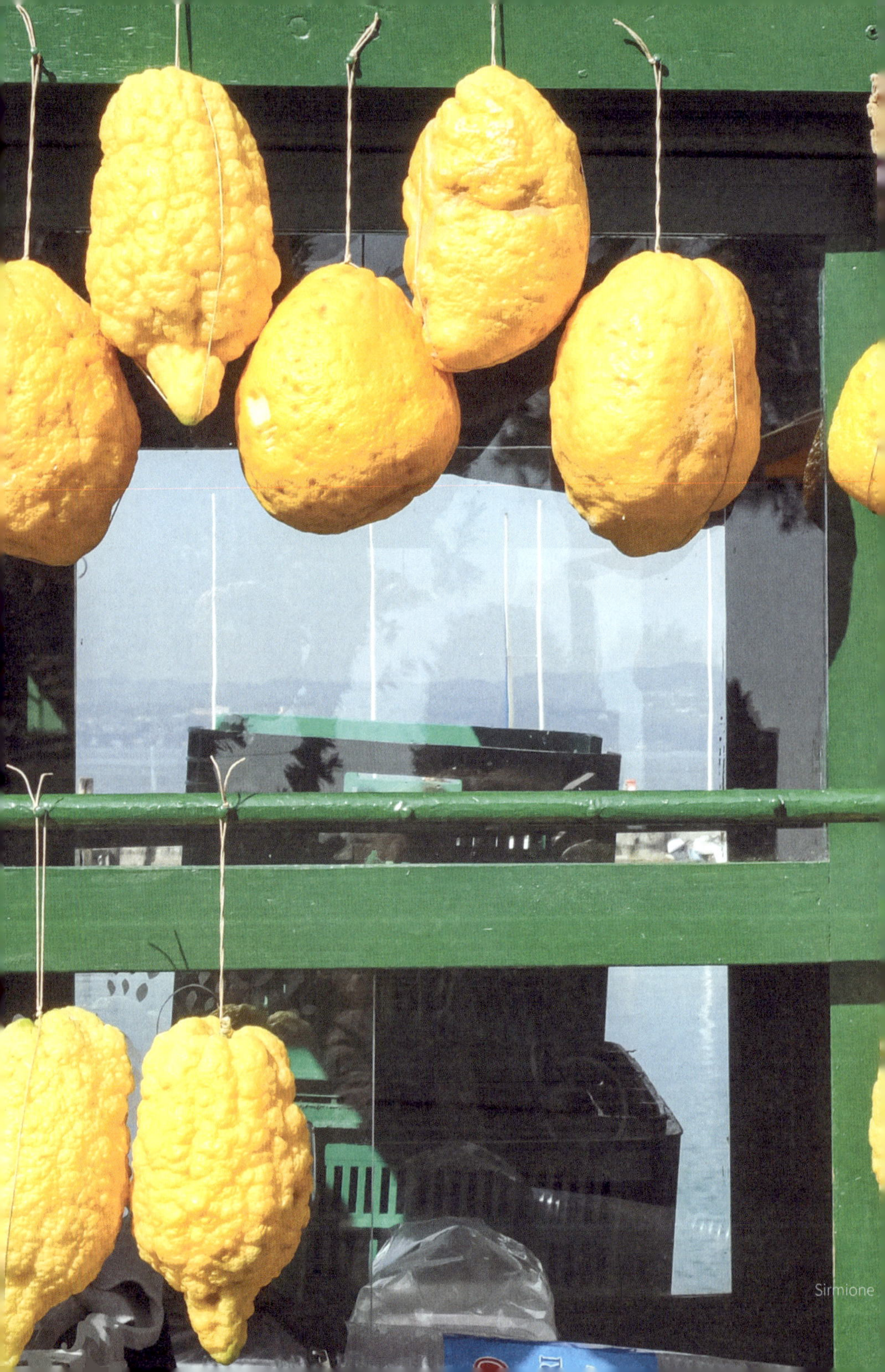

Sirmione

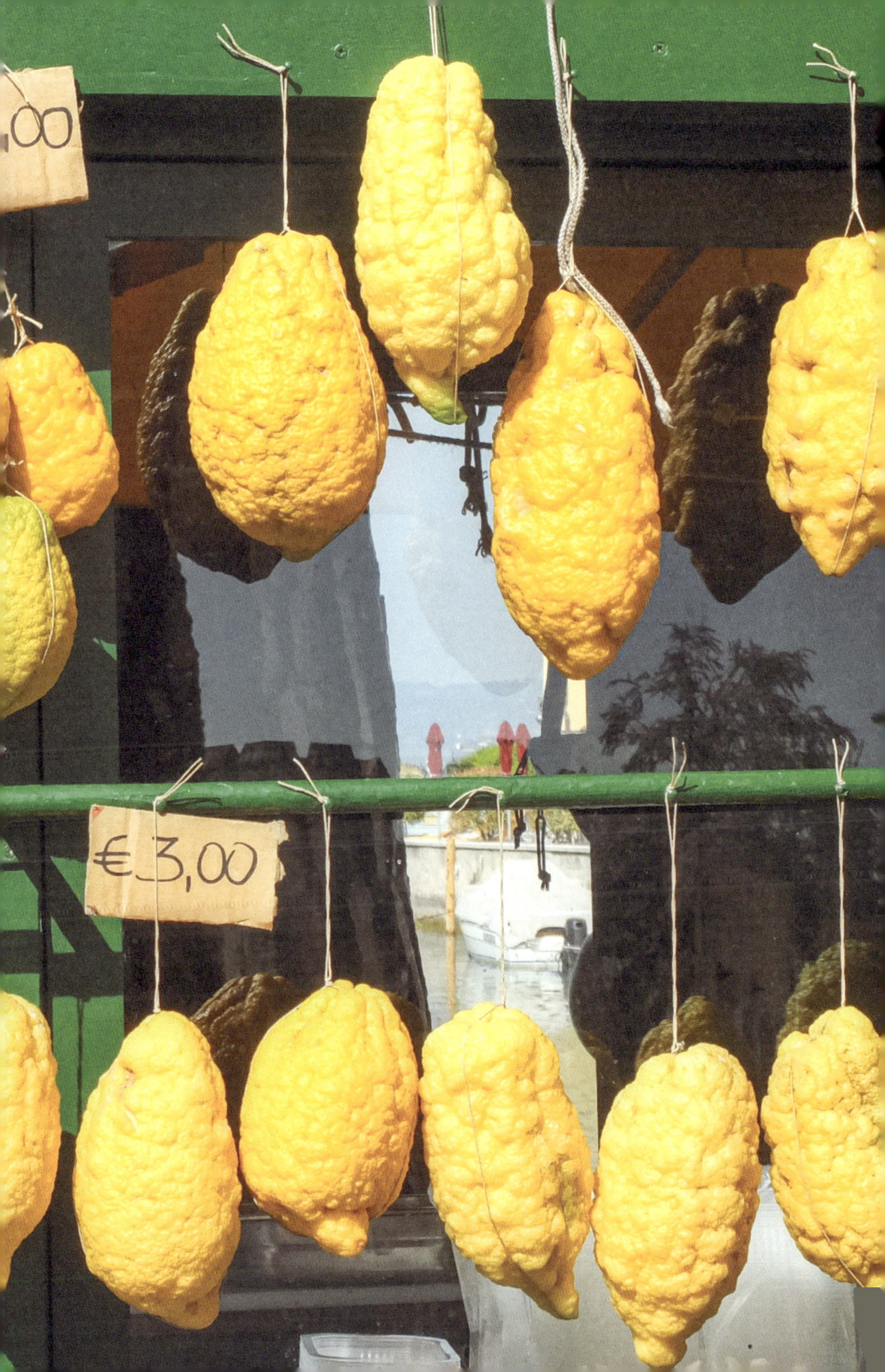
€3,00

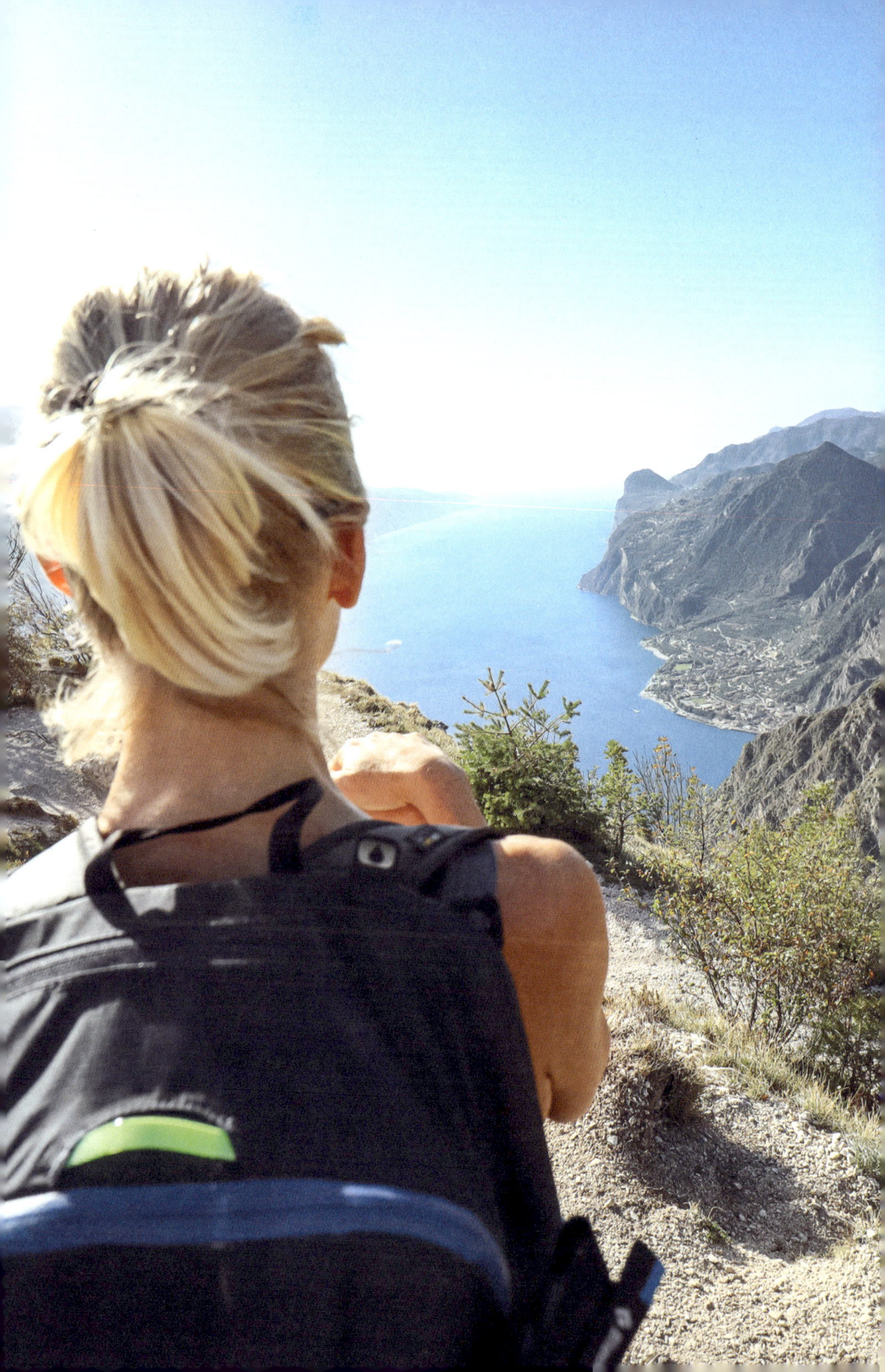

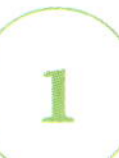

Endlich Süden, Zitronenduft in der Luft

VON LIMONE AUF DIE CIMA MUGHERA

Wenn ich „Limone" ausspreche, öffnen sich meine Sinne für das Licht des Südens, den Duft der Zitronenbäume in den „Limonaie" und die wärmende Sonne – ungeachtet dessen, dass der Ortsname Limone prosaisch von „Limes", der Grenze, abgeleitet wird. Diese Tour fordert ihren Schweißtribut, der Aufstieg zur Baita Segala ist mühsam, aber auf dem breiten Sentiero Antonioli wandert man wie beflügelt bis zum Passo Guil. Der Höhepunkt der Wanderung ist die Cima Mughera und von dort der Blick auf den Rest der Welt.

Die technisch und konditionell durchaus anspruchsvolle Tour beginnt in **Limone** sul Garda. Über die Via Caldogno und Via Molino folgen wir dem Bachlauf, vorbei an Oliven und Orangenbäumen, bis zur Bar La Milanesa hinauf. Hier endet die Straße und es beginnt der steile gepflasterte Saumpfad (Mark. 101, Sentiero Antonioli), der in die Valle Salumi hinaufführt. Nach einem kurzen Stück biegt man scharf rechts ab und quert die abfallenden Hänge der Cima Mughera. Im letzten Teil klettert man über den steilen Pfad, der an manchen Stellen drahtseilgesichert und gut gestuft zum Felssporn der **Cima Mughera** auf 1.161 Meter führt.

Hier gönnen wir uns eine gemütliche Rast und genießen das grandiose Panorama mit See, den Gipfeln der gegenüberliegenden Monte-Baldo-Gruppe sowie dem rund 1.100 Meter unter uns liegenden Limone. Schweren Herzens verlassen wir diesen schönen Ort und folgen dem Weg (weiterhin Mark. 101) in nördliche Richtung bis zu einer T-Kreuzung. Wir biegen links ab und wandern auf dem breiten Weg bis zum **Passo Guil** (1.208 m). Auf dem Sentiero Antonioli (ab hier Mark. 421) schlendern wir bequem unterhalb der Gipfel Punta Di Mois und Monte Carone (1.621 m) bis zur Selbstversorgerhütte **Baita Segala**.

Kurz nach der Hütte beginnt links der lange Abstieg über den Steig (Mark. 104) am sonnigen Südhang bis zum Dosso Ravizzola und einer unbewirtschafteten Almhütte. Wir folgen dem Weg talwärts und gelangen zur Weggabelung auf ca. 710 m, die wir bereits vom Aufstieg kennen. Im Abstieg ist der steile, gepflasterte Weg (Mark. 101) mühsam, aber bald erreicht man erneut die Bar La Milanesa, bei der man vor dem Abstieg nach **Limone** eine verdiente Rast einlegen kann.

DIE RADWEG-PROMENADE AM SEE

Ein Highlight von Limone ist der spektakuläre Rad- und Fußweg am Seeufer. Zwischen Limone und der Grenze zum Trentino ist er fertiggestellt, der Abschnitt bis Riva del Garda noch in Bau (Stand: März 2024).

Sonnenverwöhnt und windgeschützt: die Limonaie

Durch die teils steilen und vor allem engen Gassen, durch die nur hin und wieder eine Vespa oder ein Ape-Dreirad knattert, gelangen wir zur Limonaia del Castèl. Sie ist eine der historischen Zitronengewächshäuser, die direkt am Ufer des Gardasees liegen. Der Weg dorthin ist ab dem Hafen ausgeschildert. Die Limonaia wurde mit vielen verschiedenen Zitrusgewächsen und Blumen bepflanzt und in ein Freilichtmuseum umgewandelt. Im Nachbarort Gargnano befindet sich die Limonaia La Malora. Dank des Einsatzes und der Leidenschaft von Vater Giuseppe und Sohn Fabio Gandossi ist diese Limonaia ein noch heute produktiver Zitronengarten, der einen Besuch lohnt. Die Gandossis ernten jährlich 20.000 Zitronen. Als Besucher lernen wir den Anbauprozess kennen, können bei der Ernte helfen und sehen, wie Zitronensaft gewonnen und zu Sirup verarbeitet wird. Sogar die Kerne werden gepflanzt, um die Tradition lebendig zu halten.

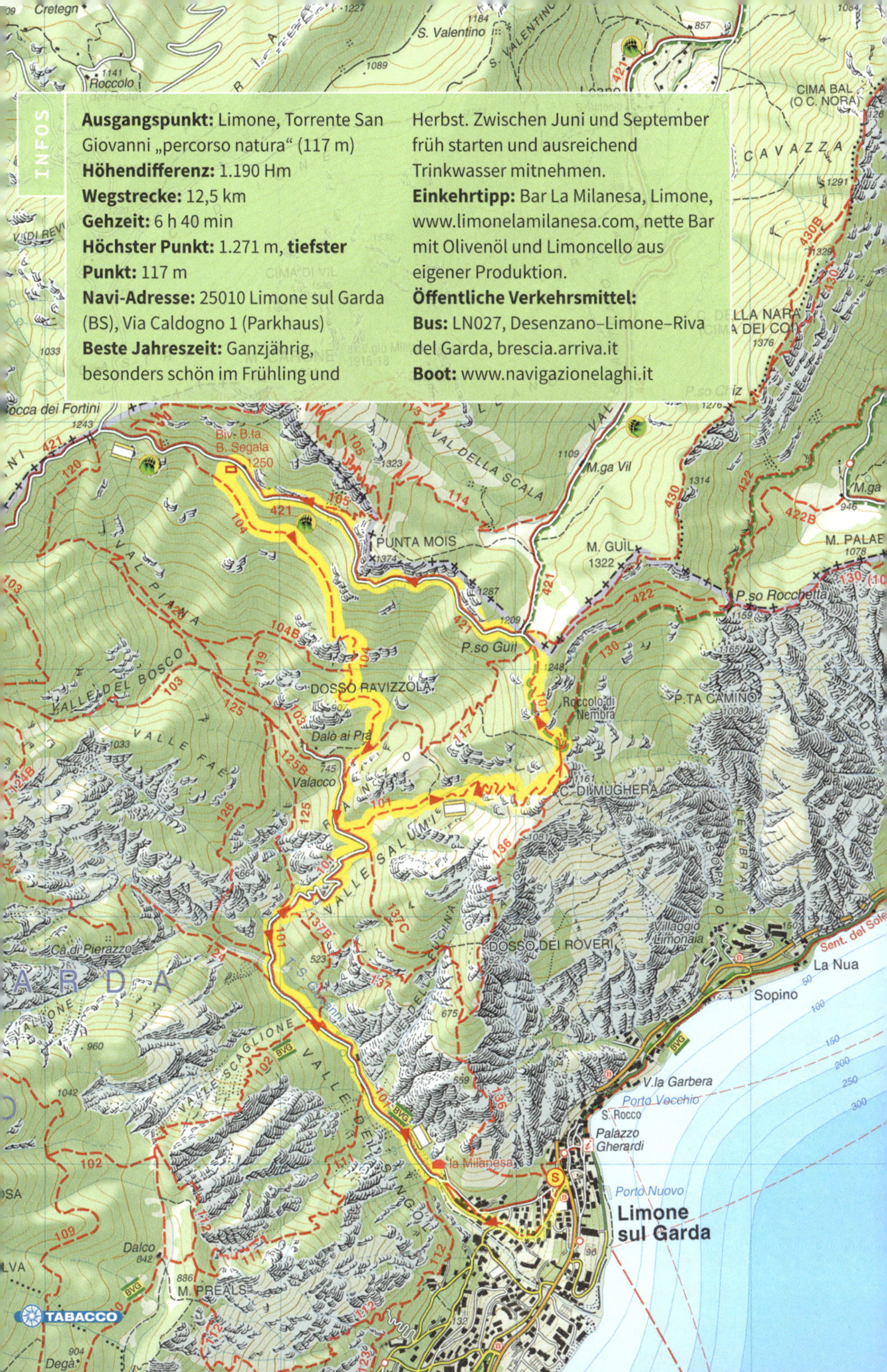

Ausgangspunkt: Limone, Torrente San Giovanni „percorso natura“ (117 m)
Höhendifferenz: 1.190 Hm
Wegstrecke: 12,5 km
Gehzeit: 6 h 40 min
Höchster Punkt: 1.271 m, **tiefster Punkt:** 117 m
Navi-Adresse: 25010 Limone sul Garda (BS), Via Caldogno 1 (Parkhaus)
Beste Jahreszeit: Ganzjährig, besonders schön im Frühling und Herbst. Zwischen Juni und September früh starten und ausreichend Trinkwasser mitnehmen.
Einkehrtipp: Bar La Milanesa, Limone, www.limonelamilanesa.com, nette Bar mit Olivenöl und Limoncello aus eigener Produktion.
Öffentliche Verkehrsmittel:
Bus: LN027, Desenzano–Limone–Riva del Garda, brescia.arriva.it
Boot: www.navigazionelaghi.it

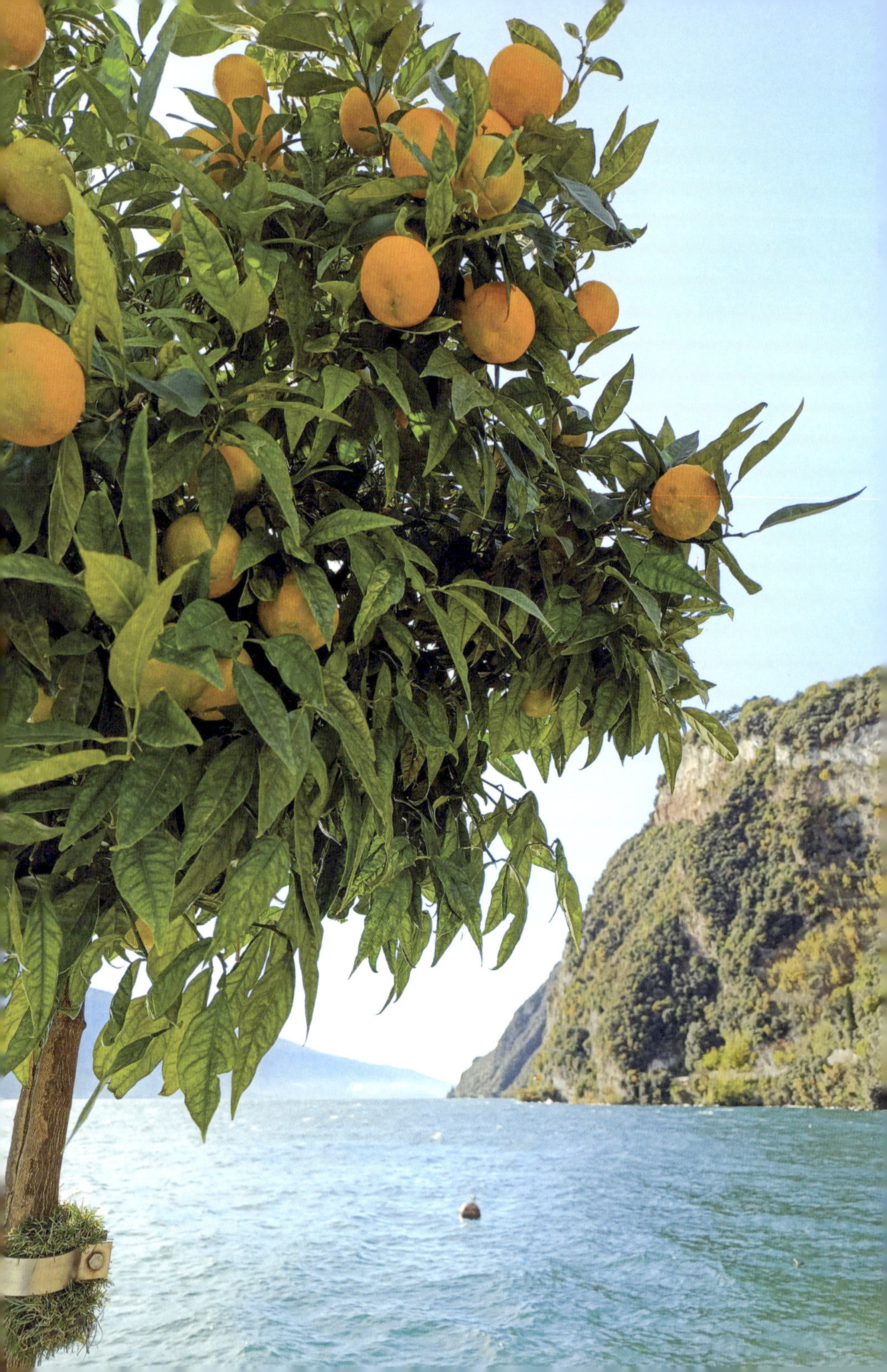

2

Der frühe Vogel fängt den Wurm

VON LIMONE AUF DEN MONTE PREALS

Der abwechslungsreiche und stark sonnenexponierte Wanderweg führt von Limone am Westufer des Gardasees auf den Monte Preals. Die schweißtreibende Tour sollte man lieber früh angehen, dafür belohnt sie mit grandiosen Ausblicken auf das schmucke Dörfchen Limone und das dortige Comboni-Kloster. Der Gipfel des Monte Preals ist beschattet, der steile Abstieg durch die Bocca dei Sospiri und die Val di Pura angenehm luftig.

Südlich von **Limone**, in der Nähe des Campings Nanzel, beginnt die Wanderung in die Berge. Zuerst geht es steil auf einem Pfad entlang eines Baches, der Via Nanzello folgend, hinauf zur Straße in Richtung Tremosine. Auf gut markierten Wegen führt der Weg bergauf in Richtung San Pietro, von wo aus man einen malerischen Blick auf das idyllisch gelegene Limone hat.

Der Aufstieg erfolgt auf abwechslungsreichen Bergpfaden (Mark. 112), die teilweise steil sind und gelegentlich den Einsatz der Hände erfordern. Während des Aufstiegs bieten sich immer wieder eindrucksvolle Ausblicke auf den See. Der Weg führt abwechselnd über sonnige Abschnitte, teilweise durch dichten Wald. Der Gipfel des **Monte Preals** auf 893 Metern Höhe ist von

Bäumen umstanden und erlaubt keine direkte Sicht auf den See, dafür spenden die Bäume etwas Schatten für eine Rast.

Für den Abstieg folgt man dem Weg zur unbewirtschafteten, auf einer Lichtung gelegenen Hütte **Malga Dalco**. Vorbei an einer verfallenen Kapelle (Mark. 110) geht es auf einem schattigen Weg leicht ansteigend weiter durch den Wald. Nach etwa einem Kilometer gabelt sich der Weg: Der Weg nach Tremosine biegt rechts ab, während wir links in Richtung Limone gehen.

RETRO-CHARME
Liebhaber von historischen Plakaten, Reiseführern, Fotos und weiteren Souvenirs aus längst vergangenen Tagen werden im frei zugänglichen Tourismusmuseum in Limone fündig.

Der Pfad wird hier schmaler und führt auf einer schottrigen Piste entlang der Felsabstürze der **Bocca dei Sospiri** hinab ins Val di Pura. Auf beschilderten Wegen (Mark. 123) und in Serpentinen geht es zurück nach **Limone**. An einer Quellfassung erreicht man wieder eine befestigte Straße und folgt dieser hinab zum See.

Spontanbesuch in der Comboni-Mission in Limone

Neugierig luge ich hinter die Mauern eines großen Gebäudes am oberen Ortsrand von Limone. Die Gartenanlage ist sehr gepflegt und trotzdem treffe ich keinen Menschen an. Von den Combonianer-Brüdern habe ich immer wieder gelesen, wusste aber nicht, welche Bedeutung dieser Ort für sie hat. Hier wurde Daniele Comboni am 15. März 1831 geboren, und man kann innerhalb der Anlage sein bescheidenes Geburtshaus besuchen. Comboni wurde Missionsbruder und setzte sich in Afrika gegen Sklaverei, Armut und fehlende Bildung und für die Rechte der dortigen Bevölkerung ein. Er wurde 2003 von Papst Johannes Paul II. heiliggesprochen. In der Comboni-Mission erfährt man mehr über sein Werk und sein Engagement. Ich spüre Demut, denke nach, wie ein einzelner Mensch die Welt verändern kann und heute noch Menschen dazu inspiriert, sich für eine bessere Welt einzusetzen. Auch wenn es schwerfällt.
Ich bleibe noch eine Weile im Garten und genieße das Licht in der Limonaia. *Via Campaldo 18, www.combonianilimone.it*

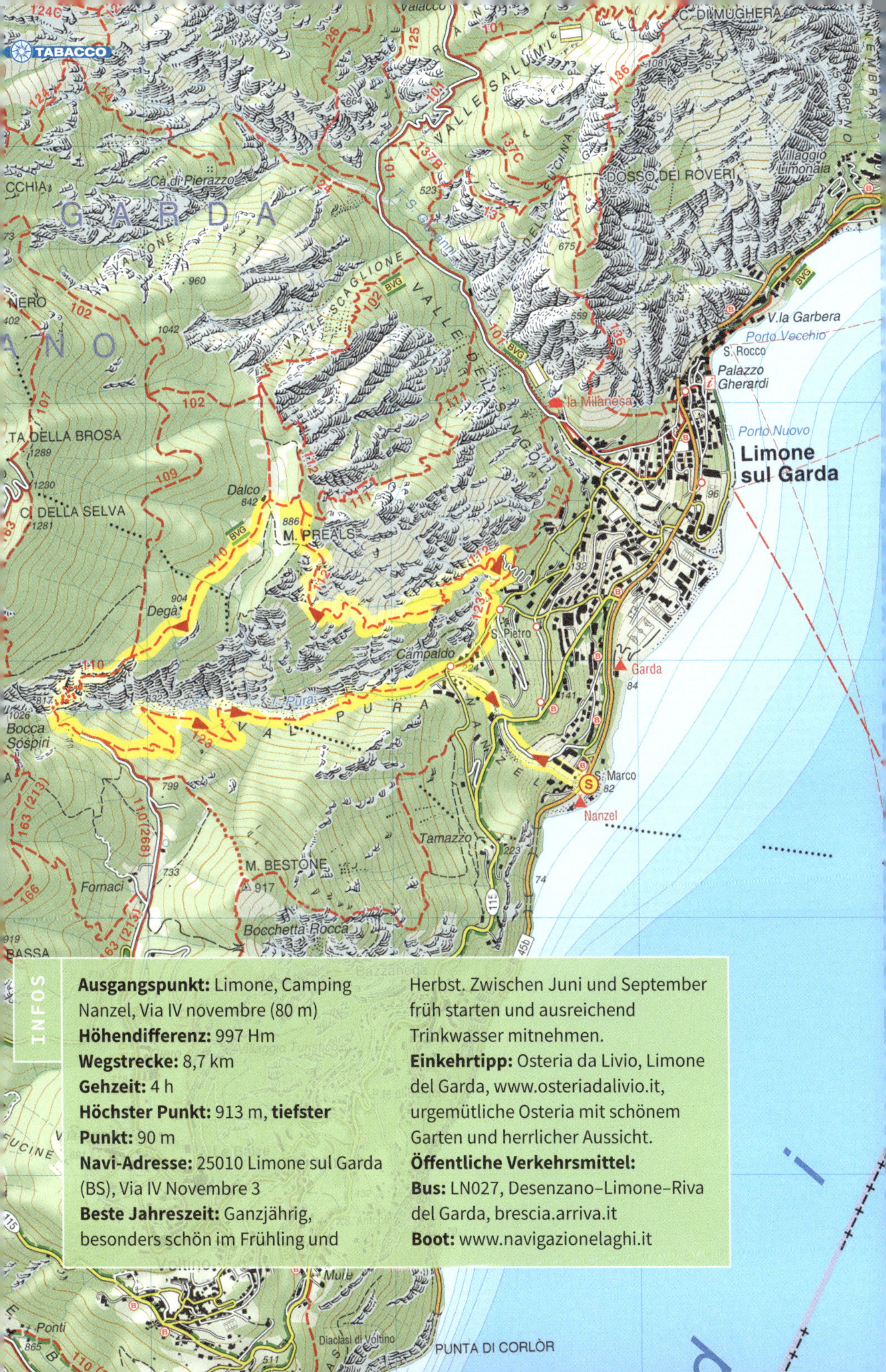

INFOS

Ausgangspunkt: Limone, Camping Nanzel, Via IV novembre (80 m)
Höhendifferenz: 997 Hm
Wegstrecke: 8,7 km
Gehzeit: 4 h
Höchster Punkt: 913 m, **tiefster Punkt:** 90 m
Navi-Adresse: 25010 Limone sul Garda (BS), Via IV Novembre 3
Beste Jahreszeit: Ganzjährig, besonders schön im Frühling und Herbst. Zwischen Juni und September früh starten und ausreichend Trinkwasser mitnehmen.
Einkehrtipp: Osteria da Livio, Limone del Garda, www.osteriadalivio.it, urgemütliche Osteria mit schönem Garten und herrlicher Aussicht.
Öffentliche Verkehrsmittel:
Bus: LN027, Desenzano–Limone–Riva del Garda, brescia.arriva.it
Boot: www.navigazionelaghi.it

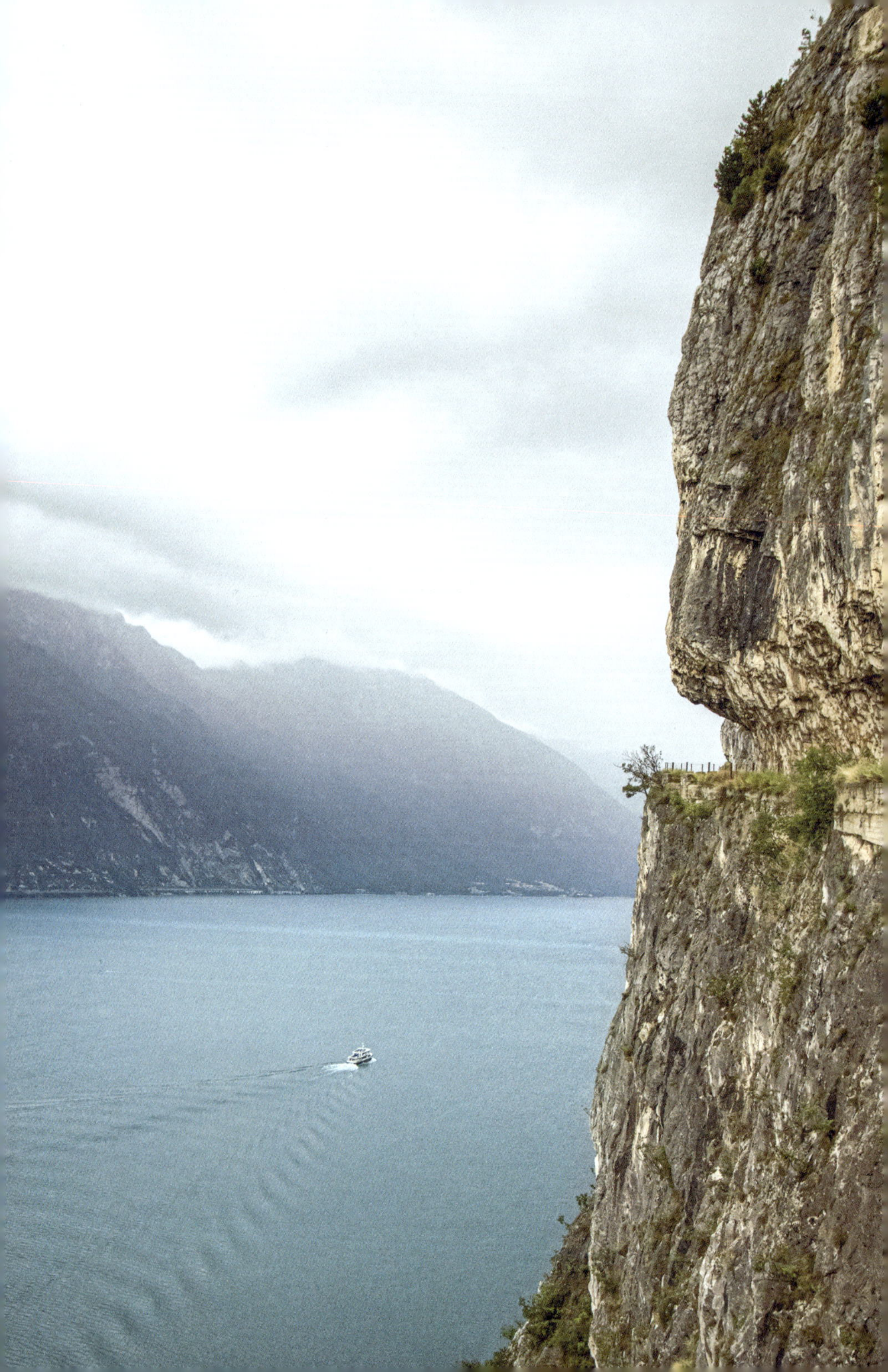

3

Monument der Straßenbaukunst

VON RIVA AUF DEM SENTIERO DEL PONALE NACH PREGASINA

Der Sentiero del Ponale ist spektakulär. Die Wanderung auf der in den Felsen gehauenen Militärstraße bleibt unvergesslich, der Weg ist technisch einfach und zugleich atemberaubend. Die hoch über dem See verlaufende „Ponale" war lange die einzige Straßenverbindung ins Ledrotal und wurde erst in den 1990er-Jahren ganz durch Tunnel ersetzt.

Wir starten an der Uferpromenade von **Riva**, direkt neben dem Wasserkraftwerk, und gehen zunächst nach Süden, bis der Weg endet. Dort führt uns eine Treppe und eine Unterführung nach rechts zum Einstieg in den Sentiero del Ponale. Schon auf dem Weg D01 weisen Schilder nach Pregasina. Eine Steintafel erinnert an den Erbauer der Straße, die zwischen 1848 und 1851 errichtet wurde. Wir gewinnen stetig an Höhe und genießen bald einen schönen Blick auf Riva und den Monte Brione.

PONALE-WASSERKRAFTWERK

Ein beeindruckendes Beispiel für Architektur- und Ingenieurskunst, gebaut in den 1920er-Jahren nach Entwürfen von Giancarlo Maroni, dem Architekten des Vittoriale degli Italiani in Gardolo. Ein interaktiver Parcours zeigt die Gewinnung sauberer Energie aus Wasser.

Entlang des breiten Weges, den wir mit Mountainbikern teilen, erreichen wir den dritten Tunnel und ein altes Wachhäuschen. Ein schmalerer Pfad führt zu den Überresten der ehemaligen Bunkeranlage Ponale. Wir bleiben auf der breiten Straße und folgen dem spannendsten Abschnitt der Ponalestraße. Wir passieren einen tiefen Einschnitt, das Val Sperone, und erreichen einen langen Tunnel, den man links umgehen kann, um einen großartigen Blick auf den See nicht zu verpassen. Hinter dem Tunnel, im Mündungsbereich des Ponale, führt uns der Weg in einem Bogen nach Westen in das Ledro- bzw. Ponaletal hinein, wo wir bald auf das **Restaurant Ponale Alto Belvedere** stoßen. Von der sonnigen Terrasse aus genießt man einen wunderschönen Ausblick auf das kleine Tal und den Gardasee. Wir setzen unseren Weg nach Westen ein Stück tiefer ins Tal hinein fort. Dann biegen wir links ab und überqueren auf einer Brücke den Ponale, um auf dem Weg D03 nach Pregasina aufzusteigen. Über Serpentinen und schmale Pfade erreichen wir schließlich den Aussichtspunkt Regina Mundi und etwa eine halbe Stunde später das Bergdorf **Pregasina**. Rückweg auf demselben Weg.

„Hier ist es schön, und ich erhole mich merklich“

Der Wiener Mediziner Christoph Hartung von Hartungen (1849–1917) eröffnete 1888 in Riva del Garda ein naturheilkundliches Sanatorium zur Behandlung von Zivilisationskrankheiten wie der Neurasthenie, einer Modekrankheit des Fin de Siècle. Mit Sohn Erhard behandelte er zahlungskräftige Klientel, darunter Künstler, Intellektuelle und Diplomaten, mit einem ganzheitlichen Ansatz, der Sonnenbäder, Warm- und Dampfbäder, Wassersport, Heilgymnastik, Spaziergänge und gesunde Ernährung umfasste. Der gute Ruf des Sanatoriums verbreitete sich rasch. Viele pilgerten zum Kur- und Sehnsuchtsort Riva: Heinrich und Thomas Mann mit Schwester Carla, Karl May und seine Frau Emma, Sigmund Freud, Rudolf Steiner, Christian Morgenstern oder Katharina Schratt. Das Landschaftsbild des „Alto Garda“ war Teil des Genesungsprogramms. Die Korrespondenz einiger Kurgäste belegt: Die Aufenthalte zeigten Erfolg. Das Zitat im Titel stammt von Thomas Mann. Er ließ sich von der besonderen Atmosphäre in Riva zu seinem Roman „Der Zauberberg“ (1924) inspirieren.

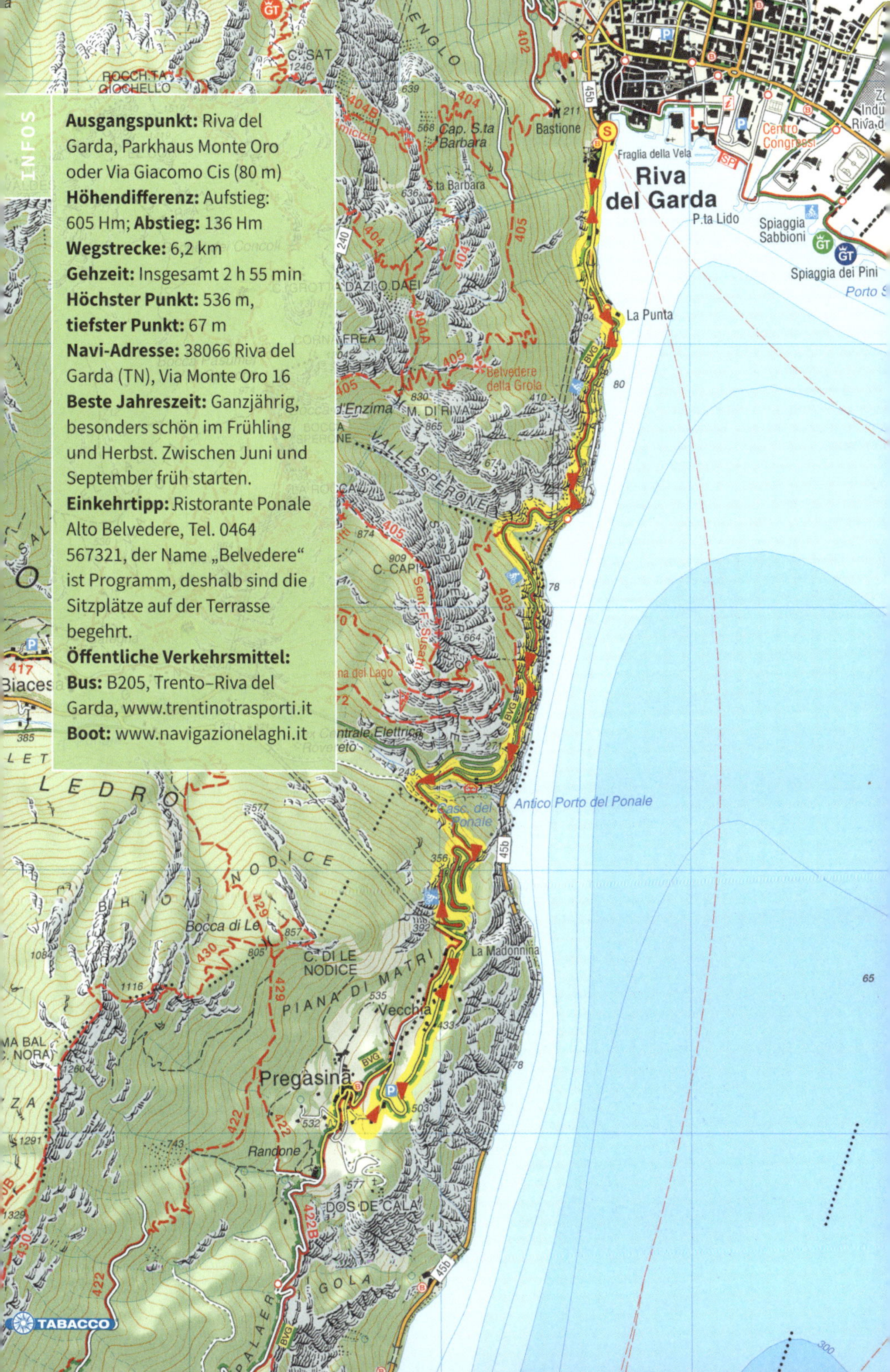

INFOS

Ausgangspunkt: Riva del Garda, Parkhaus Monte Oro oder Via Giacomo Cis (80 m)
Höhendifferenz: Aufstieg: 605 Hm; **Abstieg:** 136 Hm
Wegstrecke: 6,2 km
Gehzeit: Insgesamt 2 h 55 min
Höchster Punkt: 536 m, **tiefster Punkt:** 67 m
Navi-Adresse: 38066 Riva del Garda (TN), Via Monte Oro 16
Beste Jahreszeit: Ganzjährig, besonders schön im Frühling und Herbst. Zwischen Juni und September früh starten.
Einkehrtipp: Ristorante Ponale Alto Belvedere, Tel. 0464 567321, der Name „Belvedere" ist Programm, deshalb sind die Sitzplätze auf der Terrasse begehrt.
Öffentliche Verkehrsmittel:
Bus: B205, Trento–Riva del Garda, www.trentinotrasporti.it
Boot: www.navigazionelaghi.it

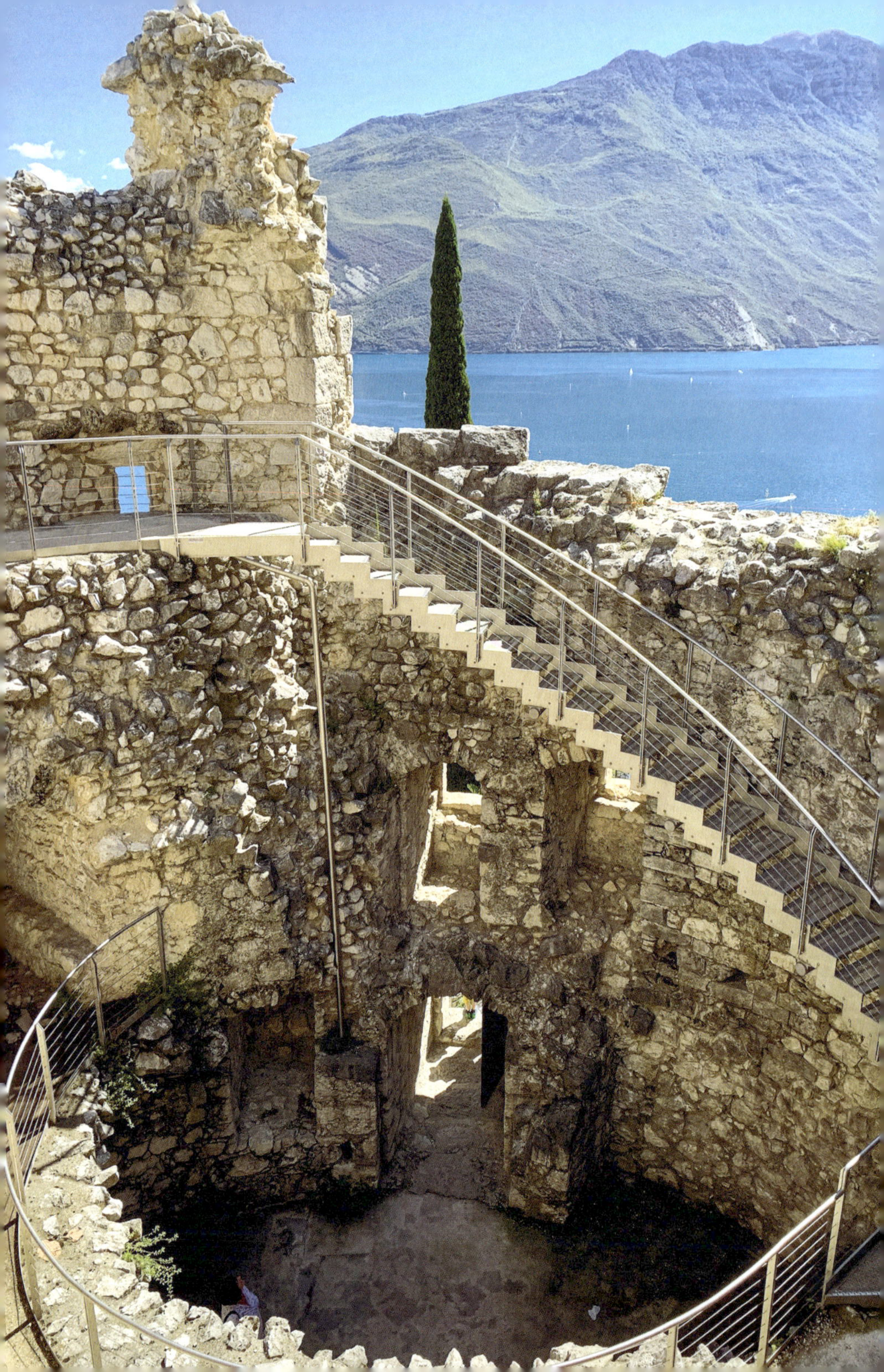

Rückzugsort am Fuße der Felswände

VON RIVA DEL GARDA ZUM KIRCHLEIN SANTA BARBARA

Der lohnende Spaziergang auf der gepflasterten Promenade zur kreisrunden Festungsruine Bastione ist ein ideales Regenwetterprogramm am nördlichen Gardasee. Von dort führt ein schmaler Waldweg zur Selbstversorgerhütte Santa Barbara mit herrlicher Aussicht auf Riva. Die Santa-Barbara-Kapelle am Fuße der Rocchetta wurde von den Bergleuten beim Bau des Wasserkraftwerkes errichtet.

Vom Parkhaus in **Riva del Garda** in unmittelbarer Nähe des Einstiegs in der Via Monte Oro (nahe dem Kreisverkehr, an dem der in die Val di Ledro führende Tunnel mündet), folgen wir dem Weg (Mark. 404) mit den Schildern „Passeggiata al Bastione“, „Chiesa Santa Barbara“ und „Capanna Santa Barbara.“ Nach einem kurzen asphaltierten Abschnitt wandern wir auf einer Kopfsteinpflasterstraße und folgen den sanften Serpentinen für etwa 200 Höhenmeter, bis wir die **Bastion** erreichen.

Seit einigen Jahren kann man die Bastion auch mühelos mit einem gläsernen Panoramaaufzug erreichen. Von der Festung hat man einen schönen Blick auf den Hafen und die Altstadt von Riva. Oberhalb der Festung setzen wir den Aufstieg über den Steig fort,

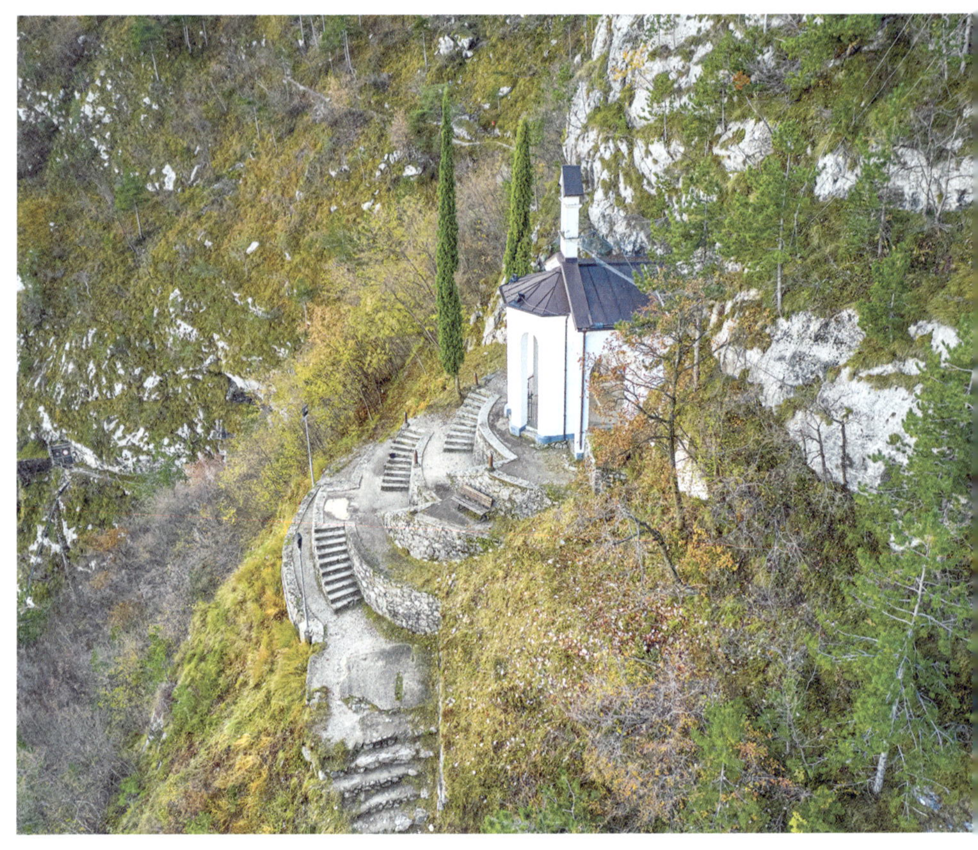

CARNE SALADA
Ein Klassiker der regionalen Küche: ausschließlich hochwertiges und mageres Rindfleisch wird sorgfältig gesalzen und gewürzt und darf 25 Tage reifen. Häufig wird das Gericht mit lauwarmen Bohnen („fasoi") serviert.

der zunehmend steiler wird. Während des Aufstiegs öffnet sich die Vegetation an einigen Stellen mit schönen Ausblicken auf den See und Riva. Nach etwa einer Stunde erreichen wir die Selbstversorgerhütte **Santa Barbara**, die unregelmäßig von Freiwilligen bewirtschaftet wird.

Wir wandern noch ein Stückchen weiter und erreichen nach etwa 10 Minuten die schön gelegene Kapelle, die der heiligen Barbara geweiht ist. Wir genießen die Aussicht und die Ruhe dieses Ortes, bevor wir über den Aufstiegsweg wieder absteigen.

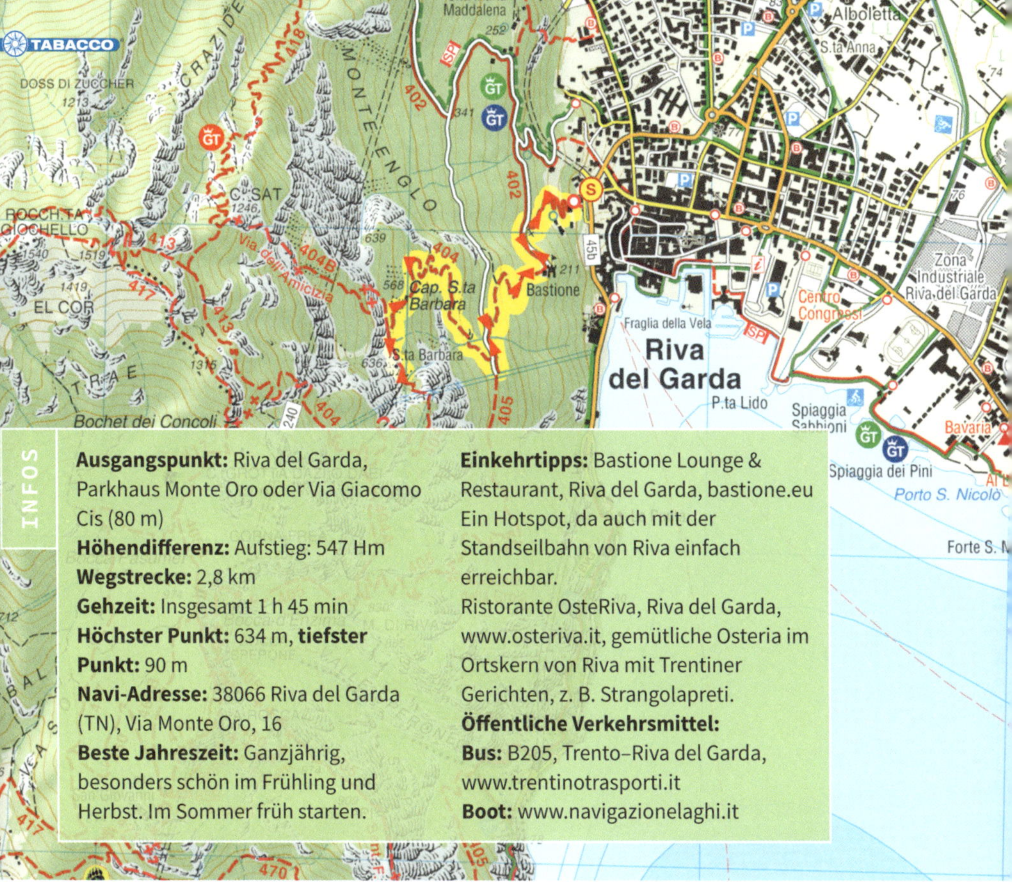

INFOS

Ausgangspunkt: Riva del Garda, Parkhaus Monte Oro oder Via Giacomo Cis (80 m)
Höhendifferenz: Aufstieg: 547 Hm
Wegstrecke: 2,8 km
Gehzeit: Insgesamt 1 h 45 min
Höchster Punkt: 634 m, **tiefster Punkt:** 90 m
Navi-Adresse: 38066 Riva del Garda (TN), Via Monte Oro, 16
Beste Jahreszeit: Ganzjährig, besonders schön im Frühling und Herbst. Im Sommer früh starten.
Einkehrtipps: Bastione Lounge & Restaurant, Riva del Garda, bastione.eu Ein Hotspot, da auch mit der Standseilbahn von Riva einfach erreichbar.
Ristorante OsteRiva, Riva del Garda, www.osteriva.it, gemütliche Osteria im Ortskern von Riva mit Trentiner Gerichten, z. B. Strangolapreti.
Öffentliche Verkehrsmittel:
Bus: B205, Trento–Riva del Garda, www.trentinotrasporti.it
Boot: www.navigazionelaghi.it

Kreuz und quer über den See

Es nervt, wenn man an schönen Tagen im Stau steckt; und dann noch die stressige und frustrierende Suche nach einem Parkplatz. Die Straßen rund um den Gardasee müssten in der Hochsaison nicht überfüllt sein, würden die öffentlichen Verkehrsmittel, insbesondere die guten Verbindungen mit Schiffen stärker genutzt werden. Mit den Fähren der „Navigazione Lago di Garda" gelangen Reisende bequem von Ufer zu Ufer. Die größeren Schiffe und Tragflügelboote verkehren zwischen Mitte Mai und Anfang Oktober mehrmals täglich und verbinden die interessantesten Orte. Auf dem Gardasee gibt es insgesamt drei verschiedene Fähren: eine Fährverbindung nur für Reisende ohne Fahrzeug (Desenzano–Riva mit Zwischenstopps) sowie zwei Autofähren (Limone–Malcesine sowie Toscolano Maderno–Torri del Benaco), die auch von Fahrgästen ohne Fahrzeug genutzt werden können.

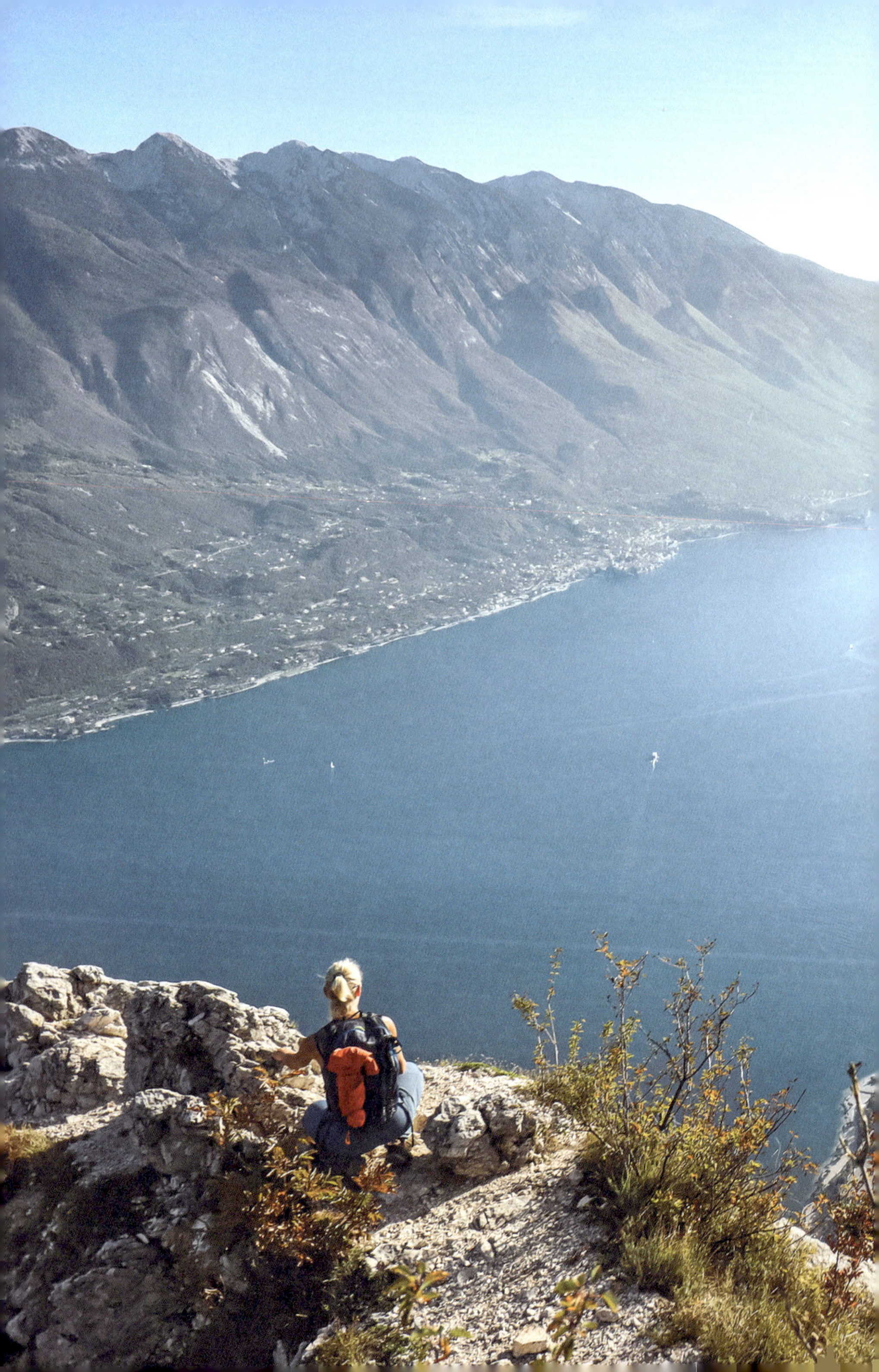

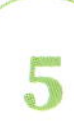

Ganz frei auf luftigem Felssporn

VON PREGASINA ZUR PUNTA DEI LARICI UND CIMA MUGHERA

Vom verschlafenen Dorf Pregasina, das bereits Adalbert Stifter im 19. Jahrhundert als „lautlos“ empfand, führt ein breiter Wanderweg auf die Punta dei Larici. Dort erwartet uns eine grandiose Aussicht auf den Gardasee und die ihn umgebende Bergwelt. Es ist ein starker Ort, der eine enge Beziehung, bestenfalls Liebe, zum *Lago* wachsen lässt.

Wir starten unsere Tour am Parkplatz unterhalb der Kirche in **Pregasina**. Von dort wandern wir die Forststraße entlang (Mark. 422B), die in Richtung Malga Palaer führt. Unser bequemer Weg verläuft größtenteils durch den schattigen Wald. Im ersten Abschnitt gibt es einige Aussichtspunkte, die einen kleinen Vorgeschmack auf das bieten, was uns auf der Punta dei Larici erwarten wird. Nach etwa 1,2 km ab Pregasina gäbe es alternativ einen kürzeren, ausgesetzten Weg zur Punta dei Larici, Mark. 422A, wir aber folgen weiter der Forststraße.

Am Ende des Waldes, an der Bocca Larici, biegen wir links ab und folgen dem Pfad, der in 5 bis 10 Minuten zum Aussichtspunkt **Punta dei Larici** führt. Der Blick auf den Gardasee ist grandios und es fällt uns schwer, den Ort wieder zu verlassen und zur Bocca

BIKER-DORADO GARDASEE
Seit 2015 sind im Trentino, also auch am nördlichen Gardasee, alle Trails für Mountainbiker frei befahrbar – vorbehaltlich von Verboten auf Gemeindeebene. Gegenseitiger Respekt zwischen Bikern und Wanderern wird vorausgesetzt.

Larici zurückzukehren, um dem breiten Weg (Mark. 422B) in Richtung **Malga Palaer** (949 m) weiter zu folgen. Von der Selbstversorgerhütte wandern wir in Richtung Rocchetta, über den Passo Rocchetta und weiter zum **Passo Guil** (1.208 m, Mark. 422). Dort schwenken wir in südliche Richtung (Mark. 101) und folgen dem breiten Weg bis zu einem schmalen Pfad, der rechts unseren Weg verlässt. In wenigen Minuten stehen wir auf der **Cima Mughera** (1.161 m).
Nach einer längeren Rast kehren wir zurück zum breiten Weg und folgen diesem in östliche Richtung bis zum Passo Rocchetta und hinab zur Malga Palaer. Dort wählen wir links eine nicht markierte Abkürzung, die durch ein Tal führt und in den breiten Aufstiegsweg (Mark. 422B) mündet. Auf diesem hinunter nach **Pregasina**. Wer dieses unmarkierte Stück vermeiden möchte, kann – wie beim Aufstieg – über die Bocca Larici wandern.

Wo Fernet Branca geschmuggelt wurde

Hätte ich im 19. Jahrhundert in dieser Gegend gelebt, wäre ich möglicherweise auch der Versuchung des Schmuggelns erlegen. Die Steige, die hoch oben an den steilen Klippen entlangführten oder sich durch das dichte Buschwerk in den Bergen schlängelten, ermöglichten gute Geschäfte.
Mit dem Anschluss der Lombardei an das Königreich Sardinien im Jahr 1859 und der späteren Gründung des Königreichs Italien im Jahr 1861 wurde Pregasina zu einem Grenzort. Folgerichtig spielte hier der Schmuggel bis zum Ersten Weltkrieg eine bedeutsame Rolle. Trotz der österreichischen Zollstation im Dorf schleusten die Bewohner vor allem Zucker, Tabak und Salz auf halsbrecherischen Pfaden hinunter zum Ufer des Gardasees und ins italienische Limone. Im Gegenzug wurden Stoffe und Liköre, insbesondere Fernet Branca, heraufgeschleppt und weiterverkauft.

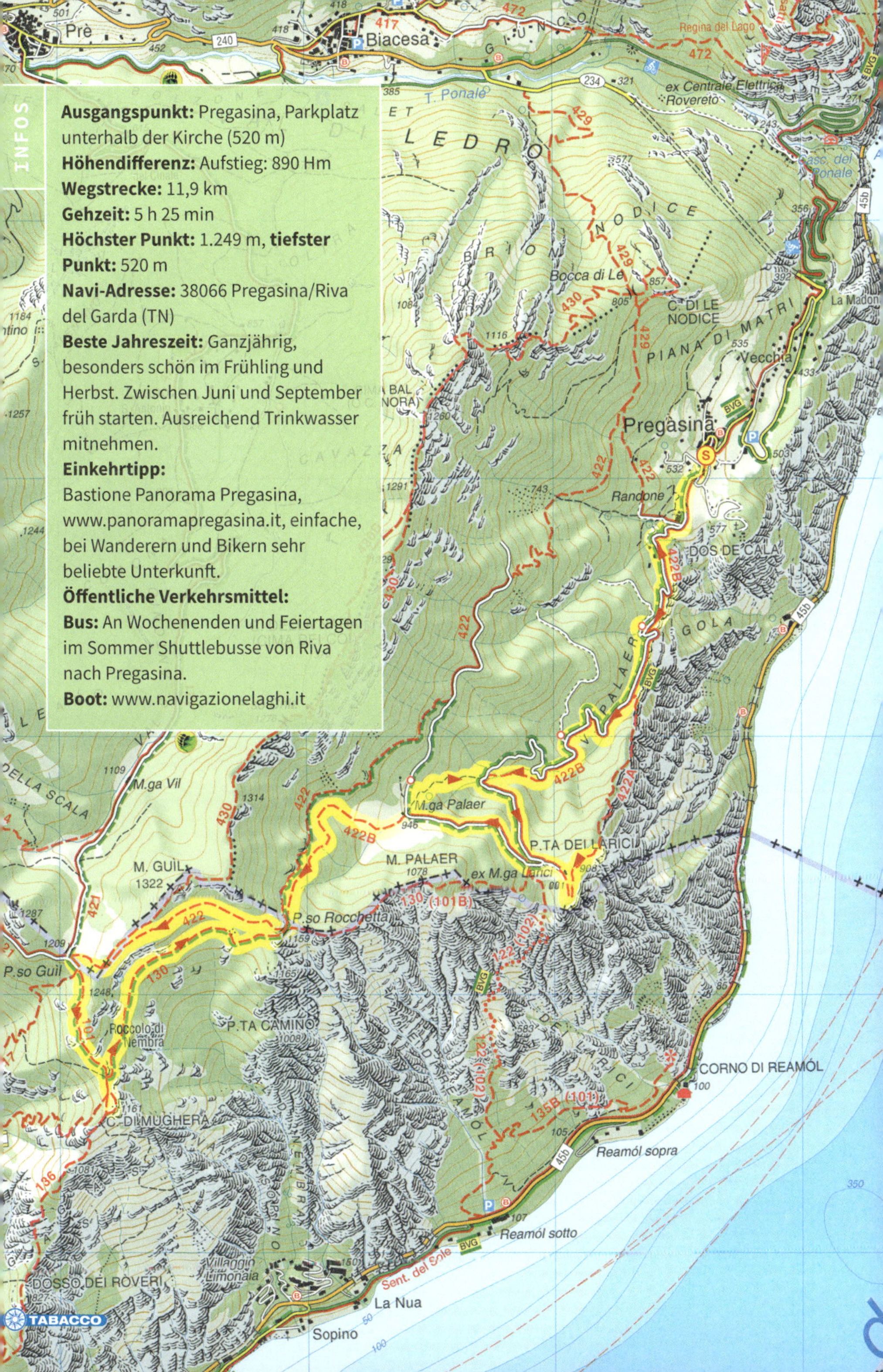

INFOS

Ausgangspunkt: Pregasina, Parkplatz unterhalb der Kirche (520 m)
Höhendifferenz: Aufstieg: 890 Hm
Wegstrecke: 11,9 km
Gehzeit: 5 h 25 min
Höchster Punkt: 1.249 m, **tiefster Punkt:** 520 m
Navi-Adresse: 38066 Pregasina/Riva del Garda (TN)
Beste Jahreszeit: Ganzjährig, besonders schön im Frühling und Herbst. Zwischen Juni und September früh starten. Ausreichend Trinkwasser mitnehmen.
Einkehrtipp:
Bastione Panorama Pregasina, www.panoramapregasina.it, einfache, bei Wanderern und Bikern sehr beliebte Unterkunft.
Öffentliche Verkehrsmittel:
Bus: An Wochenenden und Feiertagen im Sommer Shuttlebusse von Riva nach Pregasina.
Boot: www.navigazionelaghi.it

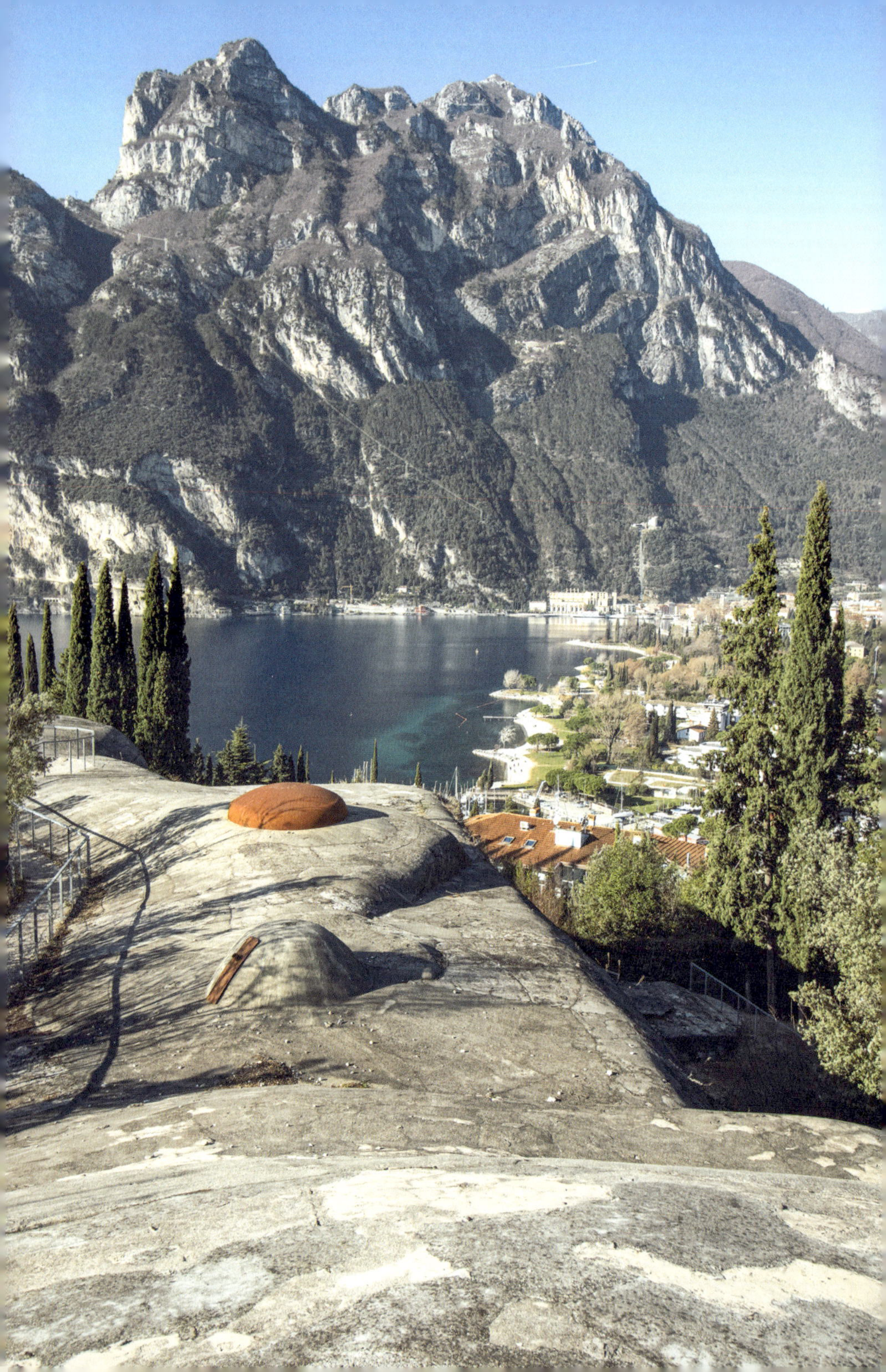

Briones beruhigte Batterien

VON TORBOLE AUF DEN MONTE BRIONE

Der Monte Brione, der das nördliche Ufer des Gardasees überragt und sich wie eine schräg liegende Felsplatte auftürmt, trennt die Städte Riva und Torbole voneinander. Abgesehen von seiner eindrucksvollen Schönheit, kann dieser Berg auch einfach erwandert werden und eröffnet an mehreren Aussichtspunkten neue und unvergessliche Perspektiven. Erst vor wenigen Jahren wurde der „Friedensweg“ ausgebaut und gesichert, sodass diese Wanderung auch für Familien mit Kindern zu einem Erlebnis wird.

In **Torboles** Ortsteil San Nicolò (70 m) beginnen wir unsere Wanderung im Ostteil des Hafengeländes nahe dem Tunnelportal. Während des Aufstiegs auf dem „Sentiero della Pace“ (Friedensweg) wird rasch nachvollziehbar, dass die beeindruckende Aussicht in der Vergangenheit eine bedeutende strategische Rolle gespielt hat.

Nach der ersten Stufenserie gelangt man zum **Forte Garda** (130 m), ab dort wird der Pfad allmählich weniger steil. Nach einer Hindernisstelle, die Mountainbiker davon abhalten soll, den Pfad hinabzurasen, erreichen wir die mittlere Batterie, die ***Batteria di Mezzo***. Vom Dach des riesigen Bunkers erstreckt sich der

IMMER BEWEGUNG
Die vorherrschenden Winde am nördlichen Gardasee sind der Nordwind Pelèr und der Südwind Ora. Im Sommer können Gewitter die Windrichtung drehen, meist von Süd auf Nord.

Blick weit über den südlich von uns gelegenen Gardasee. Im Norden der Anlage führen einige Stufen zum Gipfelkreuz des Monte Brione (345 m). Der höchste Punkt des Massivs liegt etwas weiter nördlich, die Wege dorthin sind zum Teil stark verwachsen.

Abstieg: Hinter dem Kreuz führt der Pfad ein Stück auf die Sendemasten zu, dann muss man westwärts auf die Fahrstraße wechseln. Wir folgen der Straße nach Süden bergab zurück zur mittleren Batterie. Dort biegen wir rechts ab und wandern auf der Straße und dem Pfad bergab zum **Forte Sant'Alessandro**.

Die Orientierung erfordert etwas Geschick, da es viele Pfade gibt. Im Grunde genommen gehen wir bergab nach Südwesten und erreichen schließlich den Ortsteil Sant'Alessandro. Von dort geht es Richtung Süden zurück zum Ausgangspunkt.

Das delikate Olivenöl vom Gardasee

Bereits in der Nähe des 46. Breitengrades, wo ein mildes Klima herrscht, werden am Gardasee seit der Antike Oliven angebaut und hochwertiges Olivenöl produziert. Einheimische verraten gern die Besonderheiten dieses wertvollen Naturproduktes.
Die wichtigsten Olivensorten am Gardasee sind Casaliva, Frantoio, Drizzar, Leccino, Moraiolo und Pendolino. Diese einzigartige Mischung verleiht dem Olivenöl des Gardasees sein charakteristisches Aroma und den zarten Geschmack, der so geschätzt wird.
Das „Olio Extravergine d'Oliva del Garda" DOP zeichnet sich durch einen fruchtig-leichten und angenehm pikanten Geschmack aus, der gut zu mediterranen Gerichten passt.
Von einem Besuch der Ölmühlen, den sogenannten „Frantoi", ist mir der Geruchstest in Erinnerung geblieben: Man gibt einige Tropfen natives Olivenöl auf einen Löffel oder in ein Glas, das man zuvor in der Handfläche erwärmt hat. Nun atmet man den Duft ein und achtet auf die aromatischen Nuancen: Das Öl sollte frisch nach Gras, Kräutern und Blumen duften, ohne abgestandene Noten von Erde oder gar Schimmelpilzen.

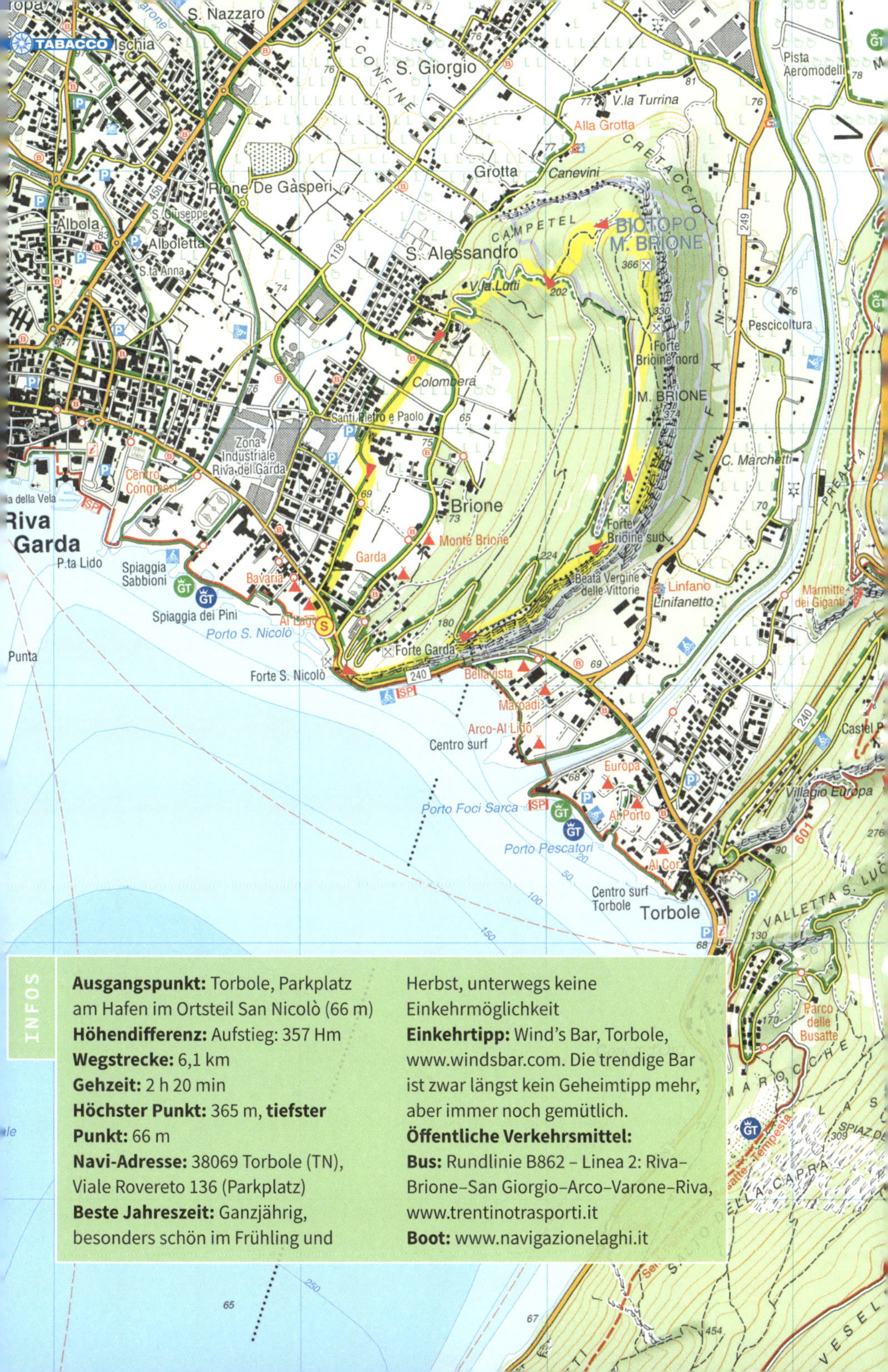

INFOS

Ausgangspunkt: Torbole, Parkplatz am Hafen im Ortsteil San Nicolò (66 m)
Höhendifferenz: Aufstieg: 357 Hm
Wegstrecke: 6,1 km
Gehzeit: 2 h 20 min
Höchster Punkt: 365 m, **tiefster Punkt:** 66 m
Navi-Adresse: 38069 Torbole (TN), Viale Rovereto 136 (Parkplatz)
Beste Jahreszeit: Ganzjährig, besonders schön im Frühling und Herbst, unterwegs keine Einkehrmöglichkeit
Einkehrtipp: Wind's Bar, Torbole, www.windsbar.com. Die trendige Bar ist zwar längst kein Geheimtipp mehr, aber immer noch gemütlich.
Öffentliche Verkehrsmittel:
Bus: Rundlinie B862 – Linea 2: Riva–Brione–San Giorgio–Arco–Varone–Riva, www.trentinotrasporti.it
Boot: www.navigazionelaghi.it

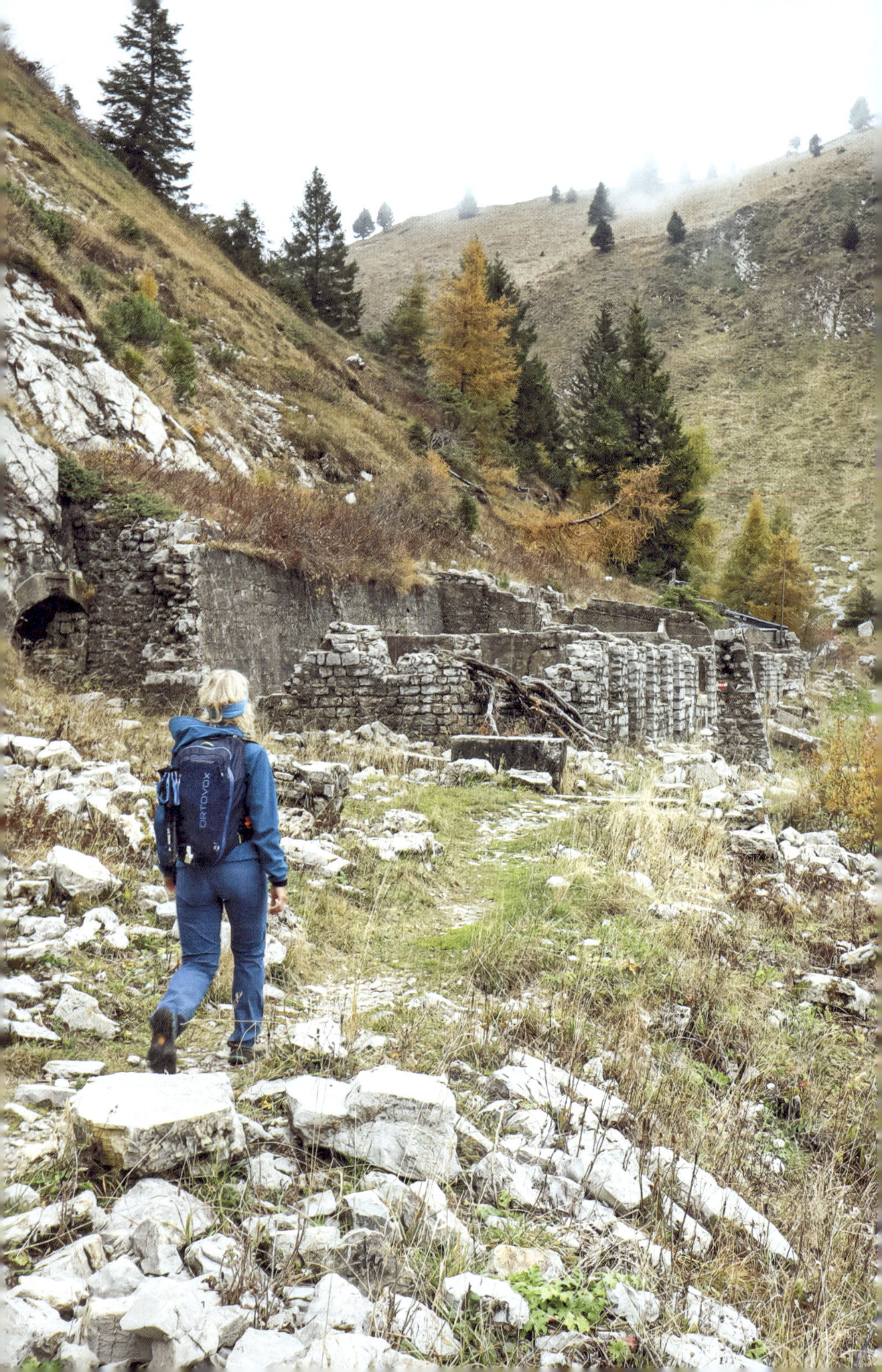
ORTOVOX

Seen sehen

VON DER MALGA PRANZO ZUR CIMA PARÌ

Der Bergkamm zwischen dem Ledro- und dem Tennosee ist trotz seiner Nähe zu wichtigen touristischen Attraktionen nur spärlich erschlossen. Der Talabschluss, umgeben von den imposanten „Guglie di Pichea“, präsentiert sich lieblich und trotzdem alpin. Der Charakter ändert sich jedoch auf dem höchsten Punkt dieses Kammes, der Cima Parì. Von hier aus bietet sich an klaren Tagen eine umwerfende Aussicht auf den Garda-, den Ledro- und den Tennosee.

Vom Parkplatz an der **Malga Pranzo** (1.045 m) folgen wir dem Weg (Mark. 402), der durch den Wald bergan bis zur **Alm Dosso dei Fiori** führt. Von dort geht es hinauf zur Bocca di Trat (1.581 m) und weiter zur **Pernici-Hütte (Rifugio Pernici)**. Etwas Vorsicht ist geboten, da auch Mountainbiker diese Strecke benützen. Der Weg ist schattig und frisch, bei Regen unter Umständen rutschig. Das letzte Stück des Aufstiegs kann über einen sehr steilen Steig (Mark. 402A) abgekürzt werden. Die rot-weiße Beschilderung auf Bäumen und Felsen ist gut sichtbar.

Nach der Einkehr im Schutzhaus nehmen wir links den Höhenweg (Mark. 413) bis zur **Bocca di Savàl** (1.739 m), an der noch Ruinen eines alten Feldlazarettes und von Unterkünften aus dem Ersten Weltkrieg stehen. Bei den Ruinen biegen wir rechts ab und

SOCIETÀ ALPINISTI TRENTINI

Der Bergsteigerverein SAT ist Betreiber von 34 Schutzhütten, 19 Biwaks und Selbstversorgerhütten im Trentino. Auf der Website des SAT, www.sat.tn.it, sind alle Unterkünfte samt Öffnungszeiten angeführt.

wandern ein kurzes Stück (Mark. 454) zum breiten Sattel. Nun biegen wir nach links, steigen über den gut sichtbaren Weg am Nordhang und halten uns rechts bis zum Rücken, der zur Gipfelpyramide der **Cima Parì** (1.990 m) führt. Am Gipfelkreuz sollte man unbedingt eine längere Rast einplanen.

Zurück zur Bocca di Savàl über den breiten Weg durch die Val di Gelòs zum Rifugio Capanna Grassi und zur **Malga Pranzo**, dem Ausgangspunkt der Tour.

Erfrischender Besuch beim Varone-Wasserfall

Der Besuch des Wasserfalls von Varone gehört in unseren Breiten zum Pflichtprogramm eines Schulausfluges, aber mich begeistert das tosende Wasser dieser Schlucht noch immer. Insbesondere im Sommer bieten die winzigen Wassertröpfchen eine wohltuende Erfrischung. Die Schlucht ist ab deren Eingang nur 55 Meter lang, aber ganz oben, wo sich die höchste Plattform befindet, erreicht sie eine Tiefe von 73 Metern. Die Fallhöhe des Wasserfalls beträgt insgesamt 98 Meter!

Der Wasserfall von Varone ist eine geologische Seltenheit. Er bildete sich vor Zehntausenden Jahren beim Rückzug des Gardasee-Gletschers, der das Tal des Sarca-Flusses und des Gardasees geformt hatte. Der Wasserfall befand sich ursprünglich weiter flussabwärts und erodierte im Laufe der Zeit in den Felsen – je nach Härte des Gesteins und Faltung unterschiedlich. Die Sandpartikel in den Wasserwirbeln wirkten wie Schleifsteine. Dieser Prozess ist nicht abgeschlossen, pro Jahr werden etwa zwei Millimeter des Gesteins abgetragen.

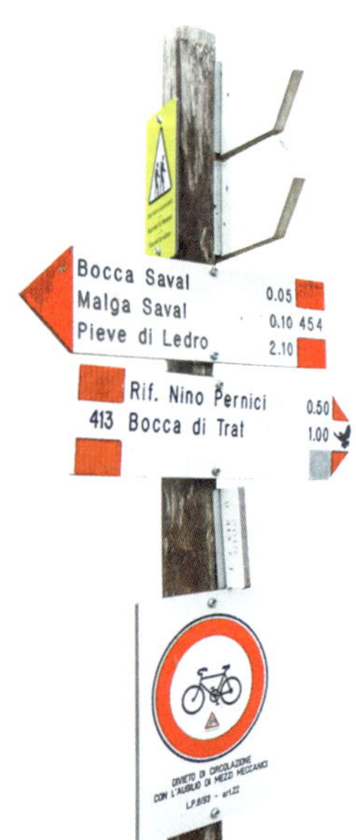

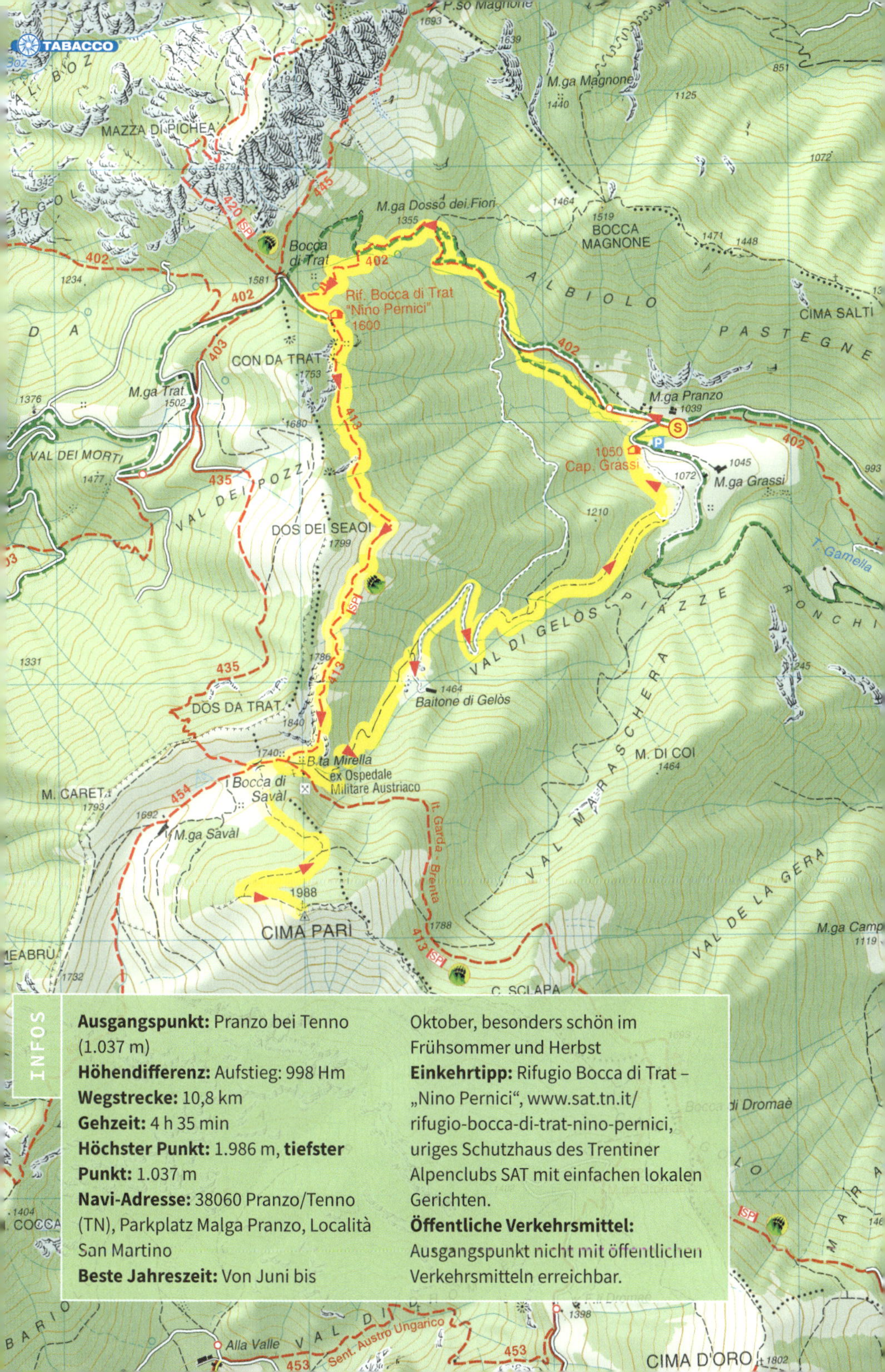

INFOS

Ausgangspunkt: Pranzo bei Tenno (1.037 m)
Höhendifferenz: Aufstieg: 998 Hm
Wegstrecke: 10,8 km
Gehzeit: 4 h 35 min
Höchster Punkt: 1.986 m, **tiefster Punkt:** 1.037 m
Navi-Adresse: 38060 Pranzo/Tenno (TN), Parkplatz Malga Pranzo, Località San Martino
Beste Jahreszeit: Von Juni bis Oktober, besonders schön im Frühsommer und Herbst
Einkehrtipp: Rifugio Bocca di Trat – „Nino Pernici", www.sat.tn.it/rifugio-bocca-di-trat-nino-pernici, uriges Schutzhaus des Trentiner Alpenclubs SAT mit einfachen lokalen Gerichten.
Öffentliche Verkehrsmittel: Ausgangspunkt nicht mit öffentlichen Verkehrsmitteln erreichbar.

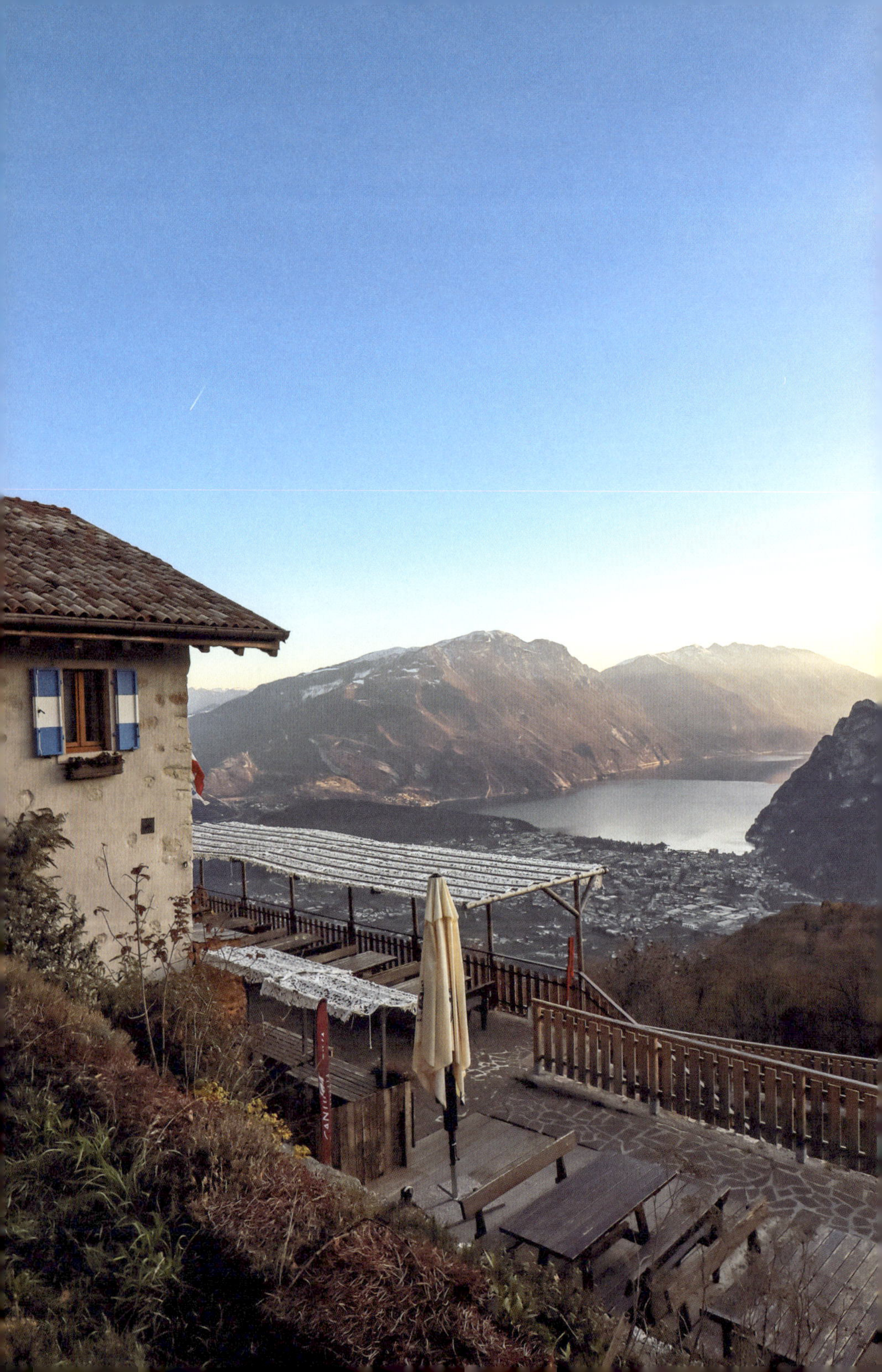

Zwischen Himmel und See

VON TENNO ZUM RIFUGIO SAN PIETRO

Die Rundwanderung oberhalb des charmanten Dorfes Tenno zur ehemaligen Eremitage San Pietro am Südhang des Monte Calino bzw. Monte San Pietro ist eine prägende Erfahrung. Die zahlreichen Aussichtspunkte mit Blick auf den nördlichen Gardasee und den Monte Baldo haben für mich etwas Erhebendes. Auf der San-Pietro-Hütte könnte ich mich stundenlang aufhalten, der Ort Tenno bleibt mir unvergesslich.

Unsere Rundwanderung beginnt in **Tenno** etwas oberhalb der Burg Tenno. Wir folgen zunächst dem Wegweiser mit der Mark. 401 bergwärts, biegen dann rechts ab (Mark. 480) und wandern an der Zufahrtsstraße durch gepflegte Weingüter und Olivenhaine weiter (Mark. 480). Nach etwa 500 m erreichen wir eine Weggabelung und verlassen das asphaltierte Sträßchen links (immer Mark. 480) und folgen dem Feldweg leicht ansteigend bis zu einer weiteren Weggabelung (rot-weiße Markierung). Dort halten wir uns links. Bald verlassen wir das mit einem Maschendraht eingezäunte Feld und treten in den lichten Buschwald ein. Wir folgen einem mäßig steilen Maultierweg in Richtung Treni. Nun geht es gemütlich durch Wälder bis wir nach einer halben Stunde den Weiler

Treni erreichen. Kurz vor den ersten Häusern biegt links ein steiler und schmaler Steig ab (den man nicht übersehen sollte). Der schweißtreibende Weg führt über den **Monte Calino** und dann in lockerem Auf und Ab zum **Rifugio San Pietro** auf 976 m (Mark. 401).

Abstieg: Vom Rifugio San Pietro zunächst auf der Zufahrtstraße (Mark. 406) in Richtung Hüttenparkplatz, 200 m vor dem Parkplatz biegen wir links ab; kurz darauf rechts (Mark. 406). Wir durchwandern Kastanienhaine, halten uns wieder links, passieren einen Bogengang, lassen die Häuser hinter uns und erreichen in der Folge **Canale**. Von dort geht es auf einem alten gepflasterten Maultierweg hinunter nach **Tenno** und durch den schönen Ortskern zurück zu unserem Ausgangspunkt.

CANALE DI TENNO

Der Ort zählt zu den „Borghi più belli d'Italia", den schönsten Dörfer Italiens. Diese Auszeichnung wird Orten mit authentischer historischer Bausubstanz verliehen.

Die Künstlerkolonie des Giacomo Vittone

Im mittelalterlichen Dörfchen Canale di Tenno mit seinen grob gepflasterten Gassen, Bogengängen und kleinen Innenhöfen scheint die Zeit stehen geblieben zu sein. Es ist ein Geheimtipp für Kunst- und Kultur-Fans, hier finden ganzjährig Events statt.

Ab dem Ersten Weltkrieg und bis in die 1960er-Jahre verfiel der Ort, bis der Turiner Künstler Giacomo Vittone (1898–1995) den Ort für sich entdeckte. Er gründete das Künstlerhaus „Casa degli Artisti Giacomo Vittone", das heute international bekannt ist und sehenswerte Ausstellungen zeigt. Sein Schaffen und sein Beitrag zur Kunstszene in Italien werden bis heute geschätzt und haben dazu beigetragen, Canale di Tenno zu einem kleinen kulturellen Hotspot zu machen.

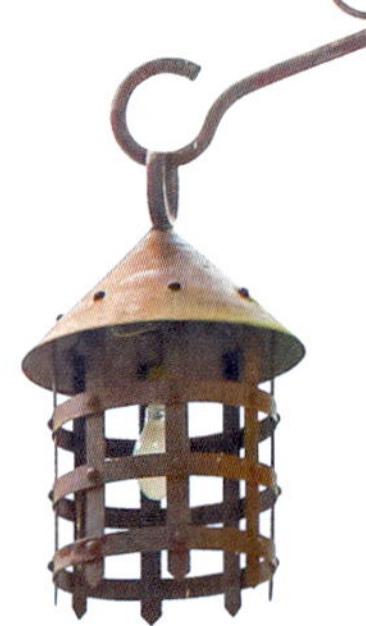

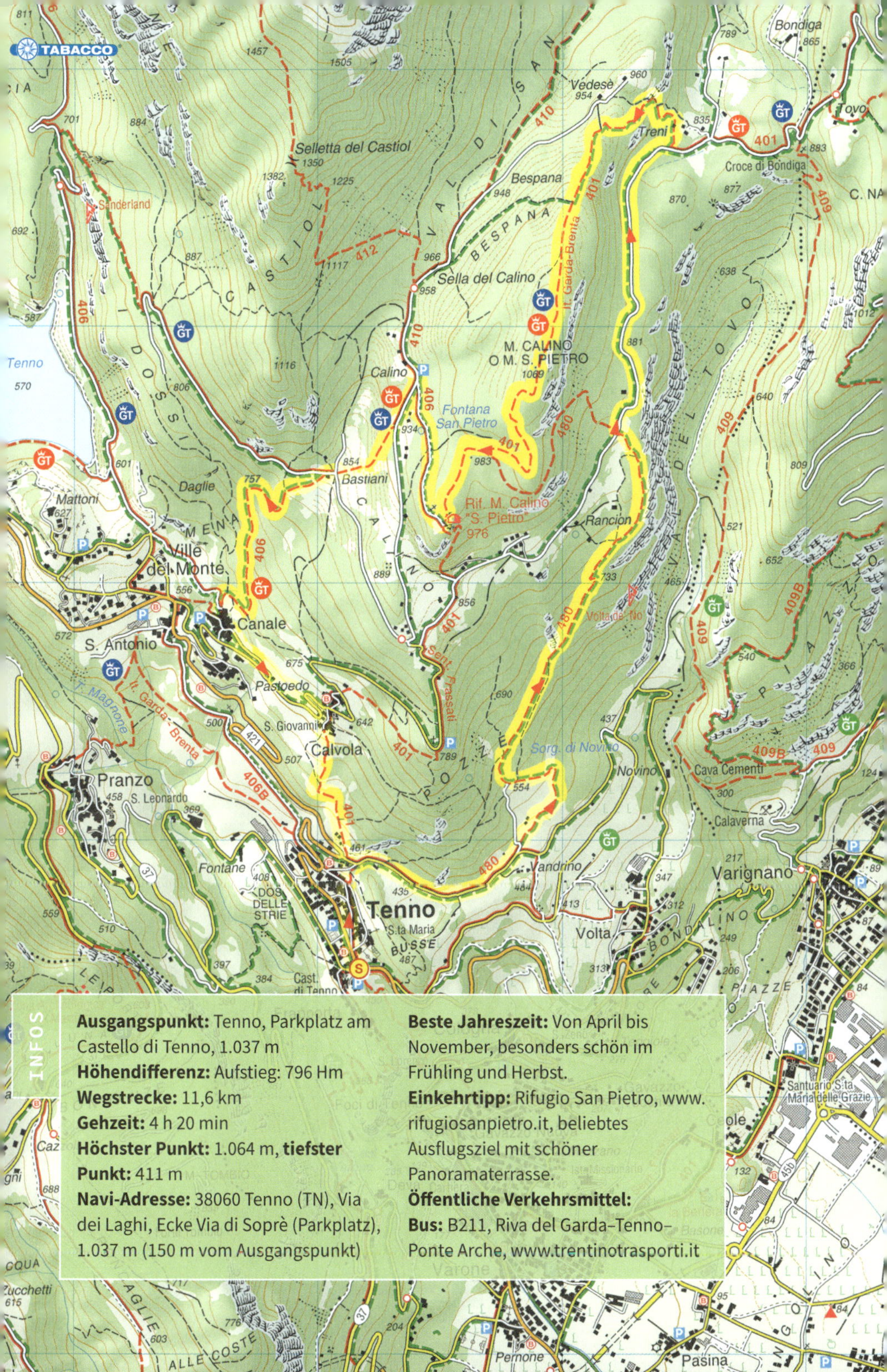

INFOS

Ausgangspunkt: Tenno, Parkplatz am Castello di Tenno, 1.037 m
Höhendifferenz: Aufstieg: 796 Hm
Wegstrecke: 11,6 km
Gehzeit: 4 h 20 min
Höchster Punkt: 1.064 m, **tiefster Punkt:** 411 m
Navi-Adresse: 38060 Tenno (TN), Via dei Laghi, Ecke Via di Soprè (Parkplatz), 1.037 m (150 m vom Ausgangspunkt)

Beste Jahreszeit: Von April bis November, besonders schön im Frühling und Herbst.
Einkehrtipp: Rifugio San Pietro, www.rifugiosanpietro.it, beliebtes Ausflugsziel mit schöner Panoramaterrasse.
Öffentliche Verkehrsmittel:
Bus: B211, Riva del Garda–Tenno–Ponte Arche, www.trentinotrasporti.it

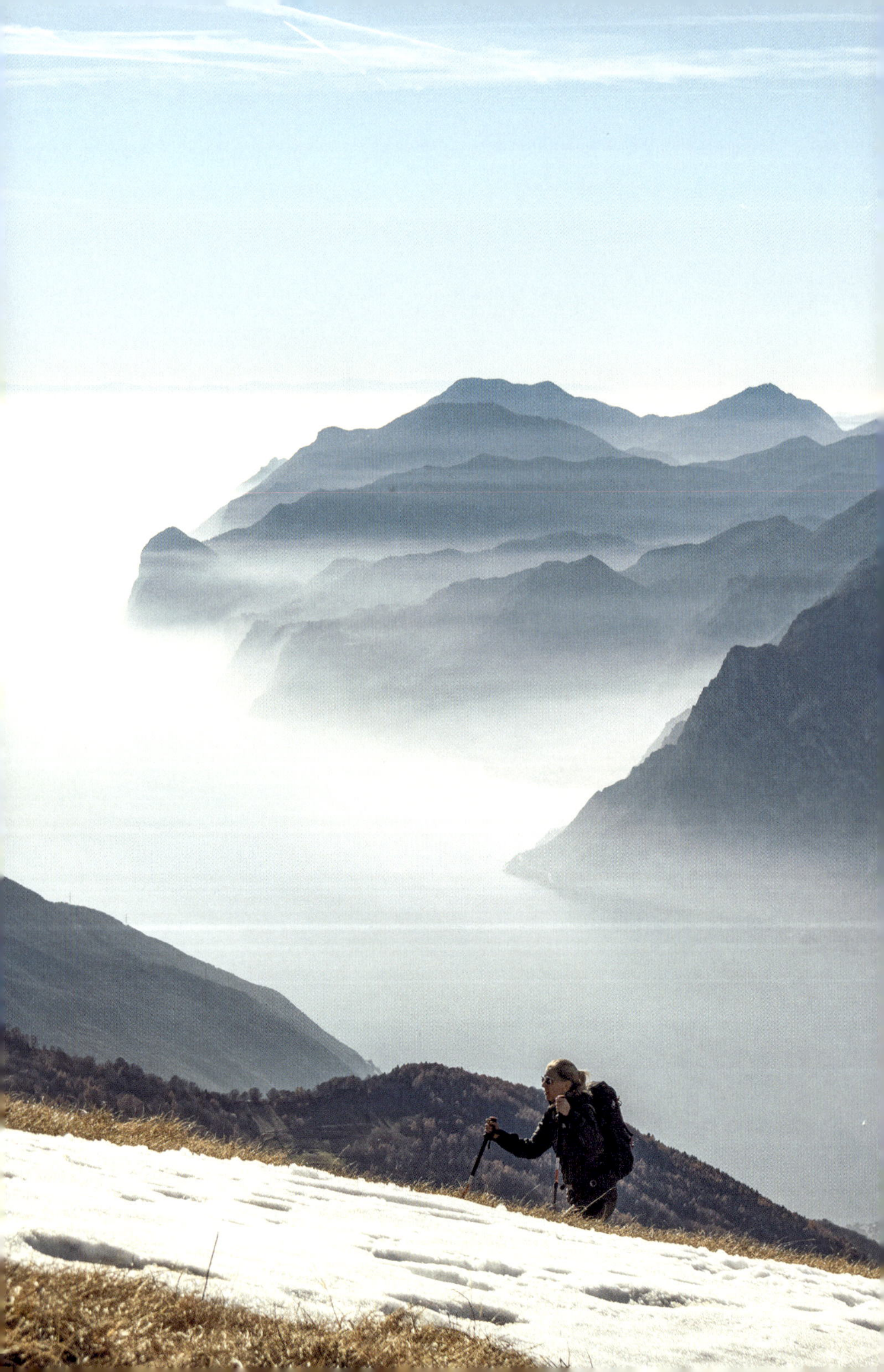

Wandern mit Fjordblick

VOM PASSO BORDALA ZUM MONTE STIVO

Wenn Sie eine Rundwanderung mit echtem Weitblick suchen, ist die Monte-Stivo-Runde eine ausgezeichnete Wahl. Anstelle des üblichen Aufstiegs von Santa Barbara zum Gipfel, empfehle ich als Ausgangspunkt den Passo Bordala. Vom Gipfel des Monte Stivo aus erscheint der Gardasee wie ein Fjord, der sich im strahlenden Sonnenlicht am Horizont verliert.

Ausgangspunkt sind die grünen Wiesen des **Passo Bordala** in der Val di Gresta. Vom Restaurant Passo Bordala (1.251 m) folgen wir dem Weg, der ziemlich steil in nördliche Richtung führt (Mark. 623). Nach etwa einer Stunde Gehzeit gelangt man auf den Rücken (1.690 m) unterhalb der Cima Bassa (1.706 m). Wir stehen nun am Scheitel des Gebirgszuges, der das Etschtal vom Sarcatal trennt. Wir halten uns links und folgen dem schönen Weg in südwestliche Richtung (Mark. 617) und lassen den direkten Weg zum Gipfel (Mark. 617B) links liegen.

Leicht ansteigend queren wir den Nordhang des **Monte Stivo** und steigen in einigen Kehren bis zum vegetationslosen Bergrücken auf, von dem sich ein grandioses Panorama öffnet. Jetzt sind das Rifugio Marchetti (2.012 m) und der Gipfel des Monte Stivo

DAS „TAL DER GEMÜSEGÄRTEN“
Die Val di Gresta ist ein fruchtbares Tal und ein Vorreiter in umweltfreundlicher Landwirtschaft. Hier werden hauptsächlich Kohl, Karotten, Knollensellerie und Kartoffeln angebaut, die mittlerweile zu regionalen Markenzeichen geworden sind.

(2.058 m) ganz nah. Die Mauern der dortigen Panoramaplattform schützen uns vor dem Wind, der einem hier ziemlich kräftig um die Ohren pfeift.

Nach einer Einkehr in der gemütlichen **Stivo-Hütte** (Rifugio Marchetti), steigen wir über den klassischen Hüttenzustieg (Mark. 608) über die Stivo-Alm (Malga Stivo) bis nach Le Prese (1.473 m) ab. Dort zweigt links der Weg (Mark. 608B) nach San Antonio ab. Bei der Kapelle folgen wir dem Sträßchen, vorbei an der Baita degli Alpini (1.244 m) etwa 3,6 Kilometer bis zum Passo Bordala.

Tipp: Wer den Sonnenaufgang auf dem Monte Stivo erleben möchte, dem empfehle ich, auf der Stivo-Hütte zu übernachten oder von Santa Barbara aufzusteigen.

Das verewigte Licht

Der in Arco geborene Giovanni Segantini war nicht nur renommierter Kunstmaler, sondern auch Anarchist, Aussteiger und zeitweise Sans-Papiers – ein Mann von vielen Facetten. Er malte vorwiegend unter freiem Himmel, wo er monumentale Werke inmitten der idealisierten Hochgebirgslandschaft schuf. Im Laufe seines Lebens suchte Segantini unablässig nach mehr Licht und stieg immer höher hinauf in die Berge. Er verstarb im Alter von 41 Jahren in einer später nach ihm benannten Engadiner Alphütte auf 2700 Metern Höhe.

Die Stadtgalerie von Arco beherbergt eine Sammlung von zehn Gemälden Segantinis, die sein künstlerisches Schaffen von seinen frühen Werken bis hin zu den Meisterwerken seines reifen Schaffens repräsentieren. Sie zeigen einen essentiellen und faszinierenden Querschnitt durch Segantinis Malerei. Die Sammlung wird darüber hinaus durch bedeutende Dauerleihgaben ergänzt.

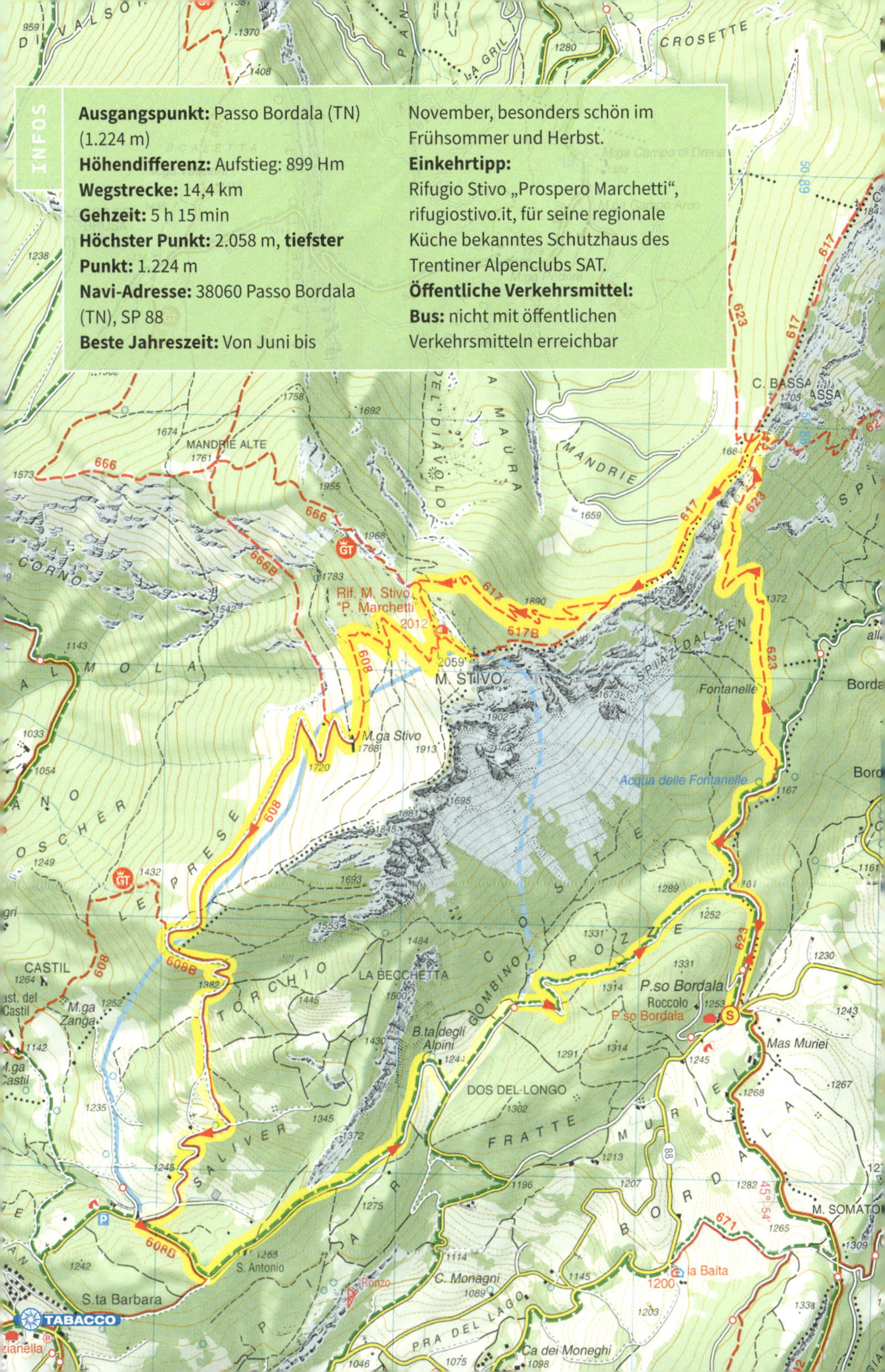

INFOS

Ausgangspunkt: Passo Bordala (TN) (1.224 m)
Höhendifferenz: Aufstieg: 899 Hm
Wegstrecke: 14,4 km
Gehzeit: 5 h 15 min
Höchster Punkt: 2.058 m, **tiefster Punkt:** 1.224 m
Navi-Adresse: 38060 Passo Bordala (TN), SP 88
Beste Jahreszeit: Von Juni bis November, besonders schön im Frühsommer und Herbst.
Einkehrtipp: Rifugio Stivo „Prospero Marchetti", rifugiostivo.it, für seine regionale Küche bekanntes Schutzhaus des Trentiner Alpenclubs SAT.
Öffentliche Verkehrsmittel:
Bus: nicht mit öffentlichen Verkehrsmitteln erreichbar

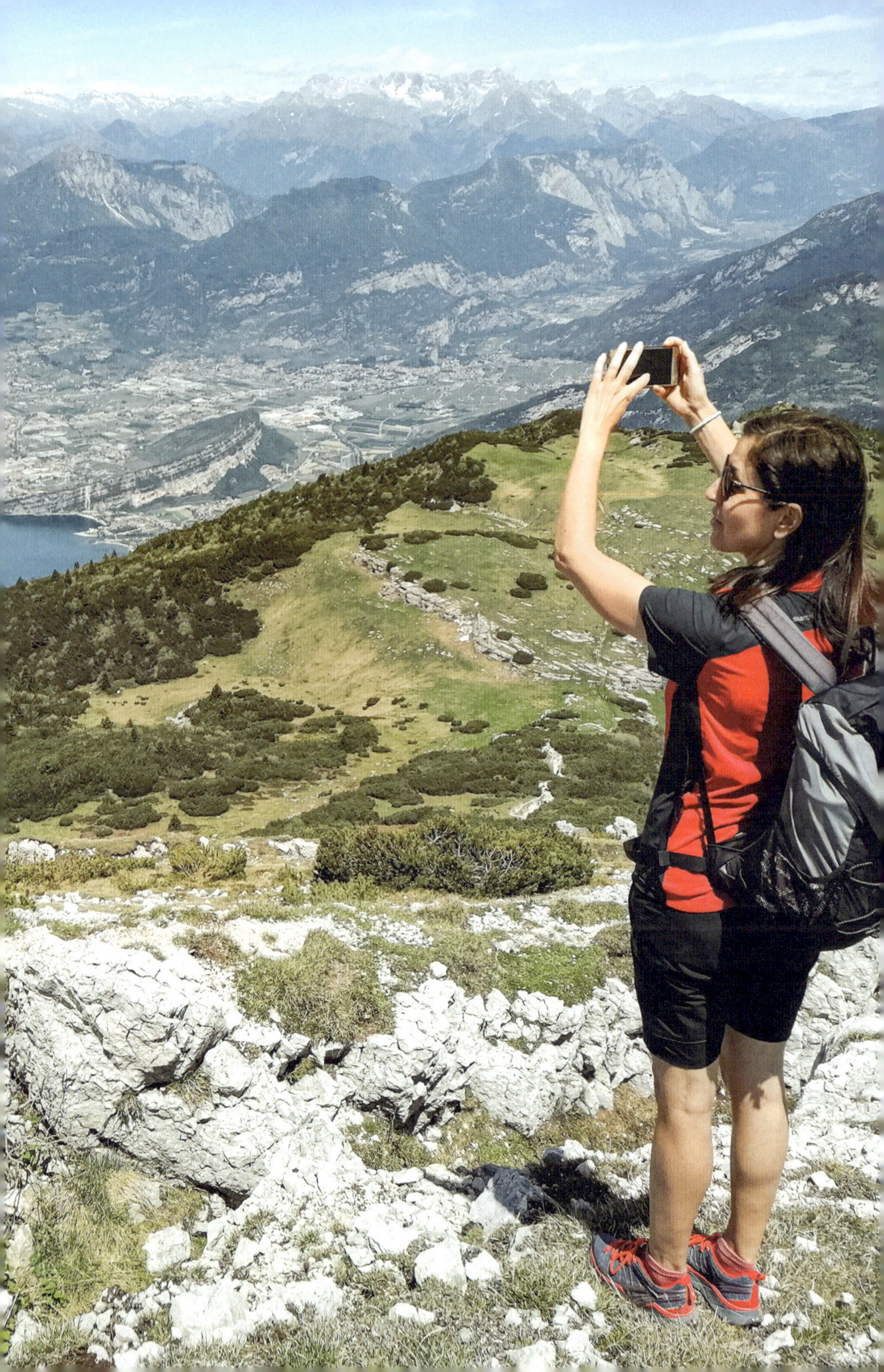

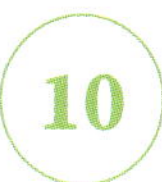

Das lässt tief blicken

VON SAN GIACOMO ZUM GIPFEL DES MONTE ALTISSIMO

Es lohnt, den Monte Altissimo di Nago zu erklimmen, da er einerseits von drei Seiten her leicht zugänglich ist und andererseits auf seiner Westseite doch eindrucksvoll fast 2.000 Meter zum Gardasee abfällt. Der Ausblick in das tiefblaue Wasser des Sees ist zweifellos der Höhepunkt dieser Wanderung. Die klassische Aufstiegsroute beginnt oberhalb von Brentonico und bietet eine vielseitige Strecke, die im Winter auch für Skitouren genutzt wird.

Unsere Wanderung beginnt bei der Kapelle von San Giacomo Maggiore in **San Giacomo/Brentonico** auf 1.195 Metern Höhe. Wir folgen dem Wanderweg (Mark. 622), der uns über Wiesen und durch einen Buchenwald in die Nähe der **Malga Campo** auf 1.620 Metern Höhe führt. Von dort steigen wir westwärts über steile Almweiden zum **Rifugio Altissimo** auf 2.059 Metern. Ein paar Minuten oberhalb, auf einer flachen Wiesenkuppe, befindet sich der Gipfel des Monte Altissimo. Um den ersehnten Blick auf den See zu genießen, müssen wir jedoch vom höchsten Punkt ein paar Meter absteigen.
Für den Abstieg wandern wir von der Hütte nach Süden auf einem breiten Schotterweg (Mark. 633) hinunter zur **Bocca del Creer** auf 1.617 Metern, wo die asphaltierte Monte-Baldo-Straße

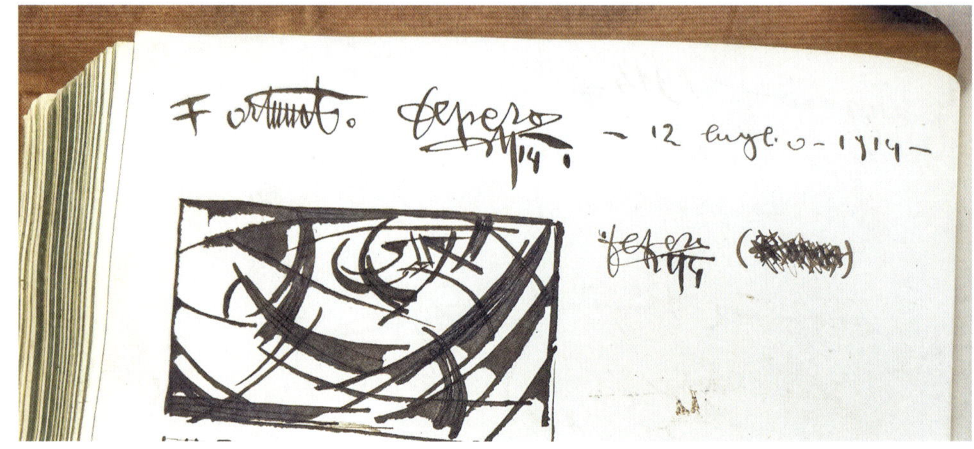

DEPEROS KRAFTLINIEN
1914 erstieg auch der Künstler Fortunato Depero die Hütte am Monte Altissimo und hinterließ im Hüttenbuch eine Federzeichnung mit dem Titel „Linee di forza“ (Kraftlinien).

vorbeiführt und das **Rifugio Graziani** steht. Wir aber bleiben etwas oberhalb der Bocca del Creer und schwenken, vorbei am linken Parkplatz und dem Schilderbaum, auf den Weg ein (Mark. 650), der über Wiesen zur **Malga Campo** auf 1.620 Metern führt. An der Kreuzung stoßen wir auf den Weg (Mark. 633, San Giacomo), den wir bereits vom Aufstieg kennen, und folgen ihm zurück zum Ausgangspunkt unserer Wanderung.

Gletschermühlen

Nahe der Panoramastraße Nago–Torbole befinden sich die „Marmitte dei Giganti“ (Töpfe der Riesen). Mich beeindruckt immer wieder die immense Kraft, mit der die Gletscher während der Eiszeit vor 70.000 bis 10.000 Jahren die Landschaft formten. Die karstigen Vertiefungen ähneln aufgrund ihrer runden Form riesigen Töpfen, die laut Überlieferung von Riesen genutzt wurden, um ihren Durst zu stillen. Diese außergewöhnlichen Naturerscheinungen wurden durch das herabstürzende, Sand und Steine mitführende Schmelzwasser der Gletscher in den Felsen gegraben. Abgesehen von diesen glazialen Becken gibt es in der Region noch andere Naturdenkmäler, die auf die Erosion durch eiszeitliche Gletscher zurückzuführen sind.

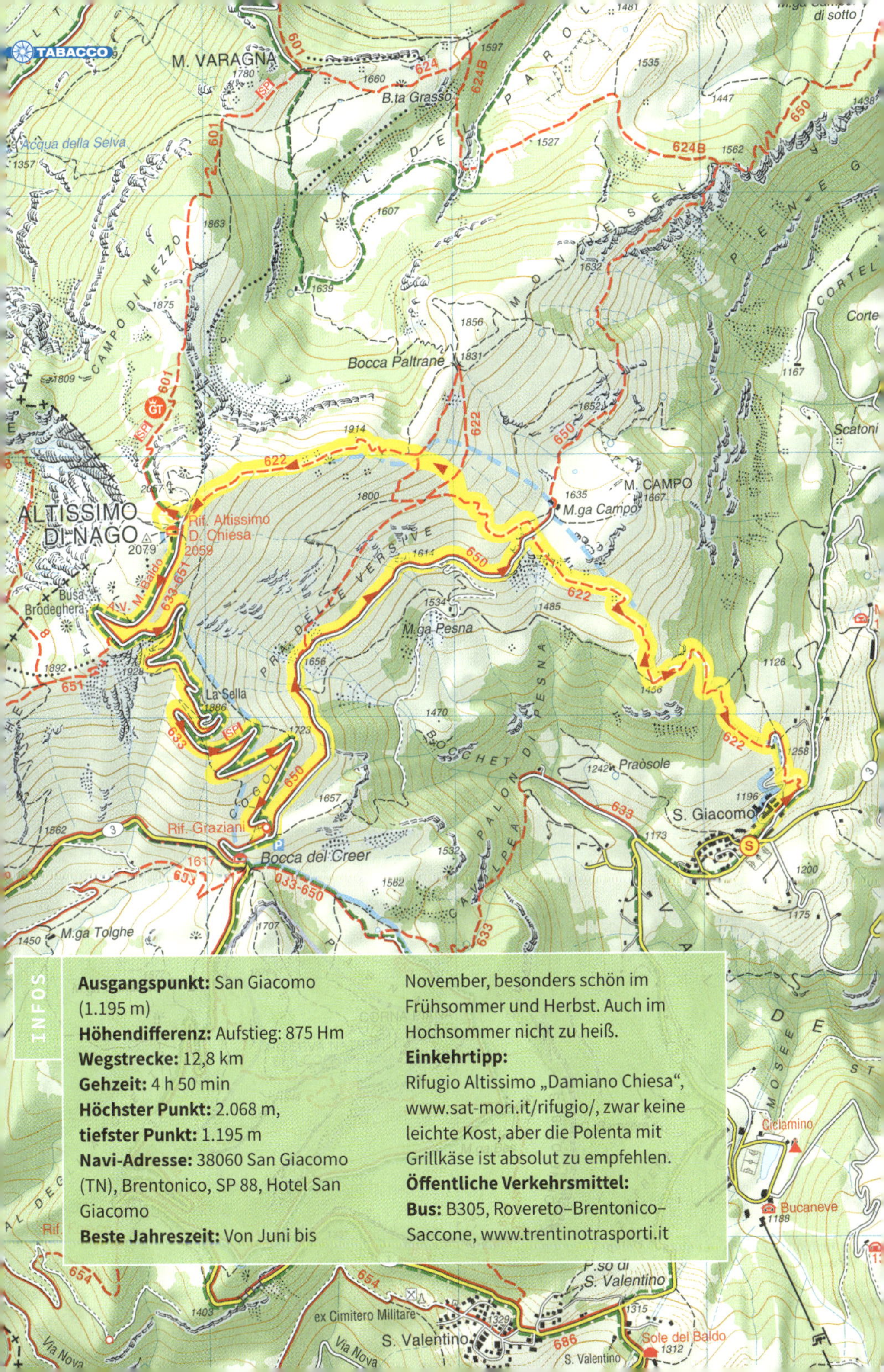

INFOS

Ausgangspunkt: San Giacomo (1.195 m)
Höhendifferenz: Aufstieg: 875 Hm
Wegstrecke: 12,8 km
Gehzeit: 4 h 50 min
Höchster Punkt: 2.068 m,
tiefster Punkt: 1.195 m
Navi-Adresse: 38060 San Giacomo (TN), Brentonico, SP 88, Hotel San Giacomo
Beste Jahreszeit: Von Juni bis November, besonders schön im Frühsommer und Herbst. Auch im Hochsommer nicht zu heiß.
Einkehrtipp:
Rifugio Altissimo „Damiano Chiesa“, www.sat-mori.it/rifugio/, zwar keine leichte Kost, aber die Polenta mit Grillkäse ist absolut zu empfehlen.
Öffentliche Verkehrsmittel:
Bus: B305, Rovereto–Brentonico–Saccone, www.trentinotrasporti.it

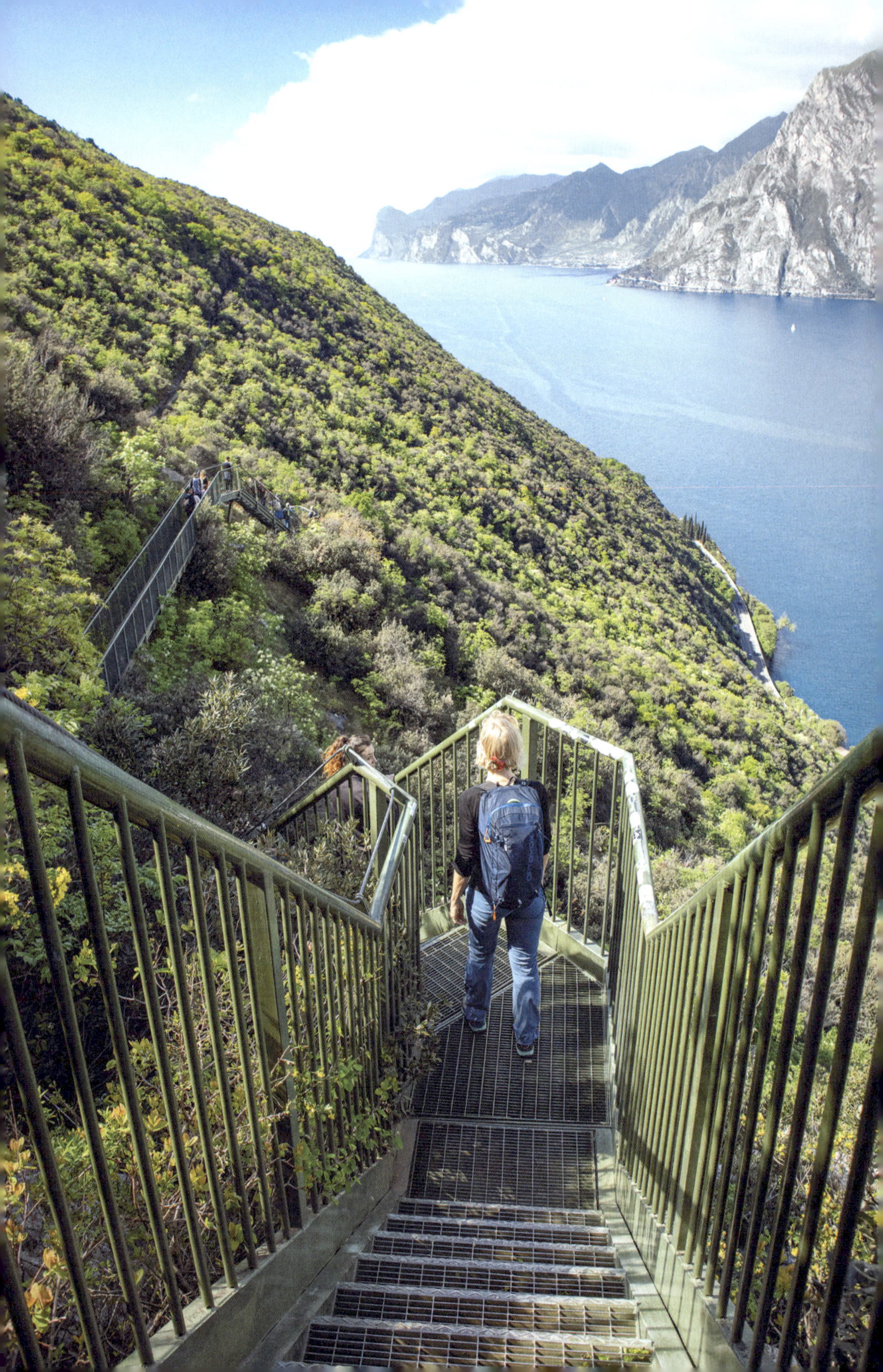

Luft unter den Füßen

VON BUSATTE BEI TORBOLE NACH TEMPESTA

Die Metalltreppen entlang des 2005 eröffneten „Sentiero Panoramico Busatte–Tempesta“ schmiegen sich spektakulär an die Felswände und machen diese unschwierige Wanderung sehr faszinierend. Es sind drei Treppenabschnitte mit insgesamt 387 Stufen zu überwinden. Lohn ist ein herrlicher Blick auf den nördlichen Gardasee, Riva, Torbole und die umgebenden Berge. Die Metallkonstruktionen sind sicher verankert, gut abgesichert und relativ breit.

MALERISCHE ZAHLSTELLE
Die von den Habsburgern im 8. Jahrhundert erbaute *Casa del Dazio,* ein Zollhäuschen, am Hafen von Torbole stand einst an der Grenze zwischen Italien und Österreich.

Ausgangspunkt ist der Parkplatz beim **Parco Avventura Busatte** oberhalb von Torbole. Von dort wandern wir zunächst durch das Gelände des Abenteuerparks, immer den Schildern Busatte–Tempesta folgend. Der Pfad führt zunächst leicht aufwärts durch einen schönen Waldabschnitt, bevor er flacher wird. Entlang des Weges gibt es Infotafeln zur Flora, Fauna und Geschichte der Region. Und immer wieder können wir die großartige Aussicht auf den See, den Monte Brione und die Ortschaften am Seeufer genießen.

Nach etwa 1,8 km ist der erste, 116 Stufen umfassende Treppenabschnitt (Salt del Cavra) erreicht. Der Steg ist fest in den Felsen des Monte Baldo verankert ist und führt sicher der Wand entlang nach unten.

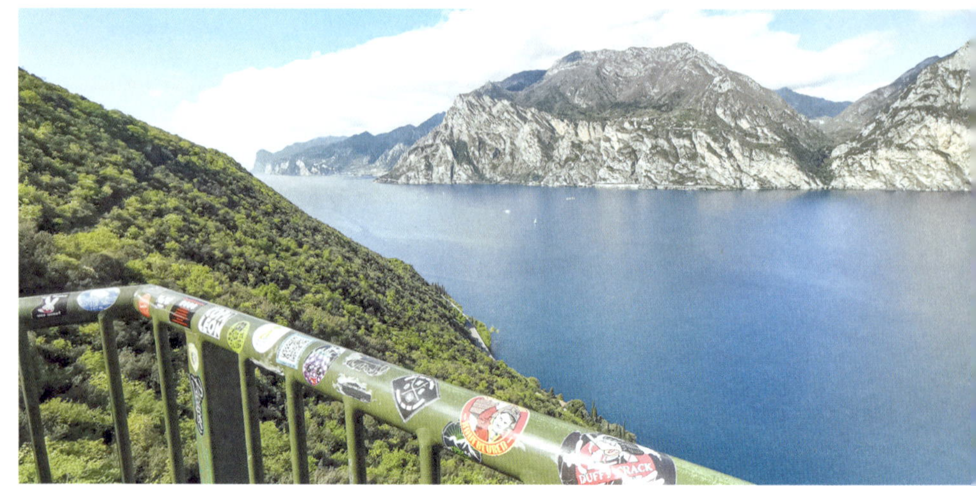

Nach einer weiteren Waldstrecke von etwa 1 km gelangen wir zum zweiten Treppenabschnitt mit 238 Stufen (Corno del Bó). Er ist der längste der drei Abschnitte und bietet eine herrliche Aussicht auf den Gardasee, Pregasina und die Berge. Anschließend führt der Weg erneut durch den Wald, bevor wir zum letzten Abschnitt mit nur 33 Stufen (Val Calcarole) gelangen.

Nach wenigen hundert Metern zweigen wir an einer Kreuzung rechts ab und steigen hinunter nach **Tempesta**. Der Bus bringt uns zurück nach Torbole. Er fährt ungefähr im Stundentakt.

Der Charme der Off-Season

Die ideale Reisezeit für einen Aktivurlaub am oder einen Ausflug zum Gardasee reicht von Mai bis September. Während des Sommers kann es entlang des Sees – sagen wir mal so – „recht belebt" sein, jedoch fällt dies aufgrund der großflächigen Verteilung der Gäste weniger ins Gewicht als andernorts. Dennoch sollte man die Nebensaison nicht links liegen lassen und mal im April oder Oktober hierherreisen. Immer mehr Menschen wählen diese Monate für ihren Aufenthalt am *Lago di Garda*. Dann ist es auf den Straßen ruhiger und freie Parkplätze nicht Mangelware. Selbst im November gibt es am Gardasee noch da und dort Übernachtungsmöglichkeiten, und die Berg-Refugien haben an den Wochenenden geöffnet. Ich persönlich schätze diese Zeit abseits der Hauptsaison besonders – *fuori stagione* läuft die Zeit gemächlicher.

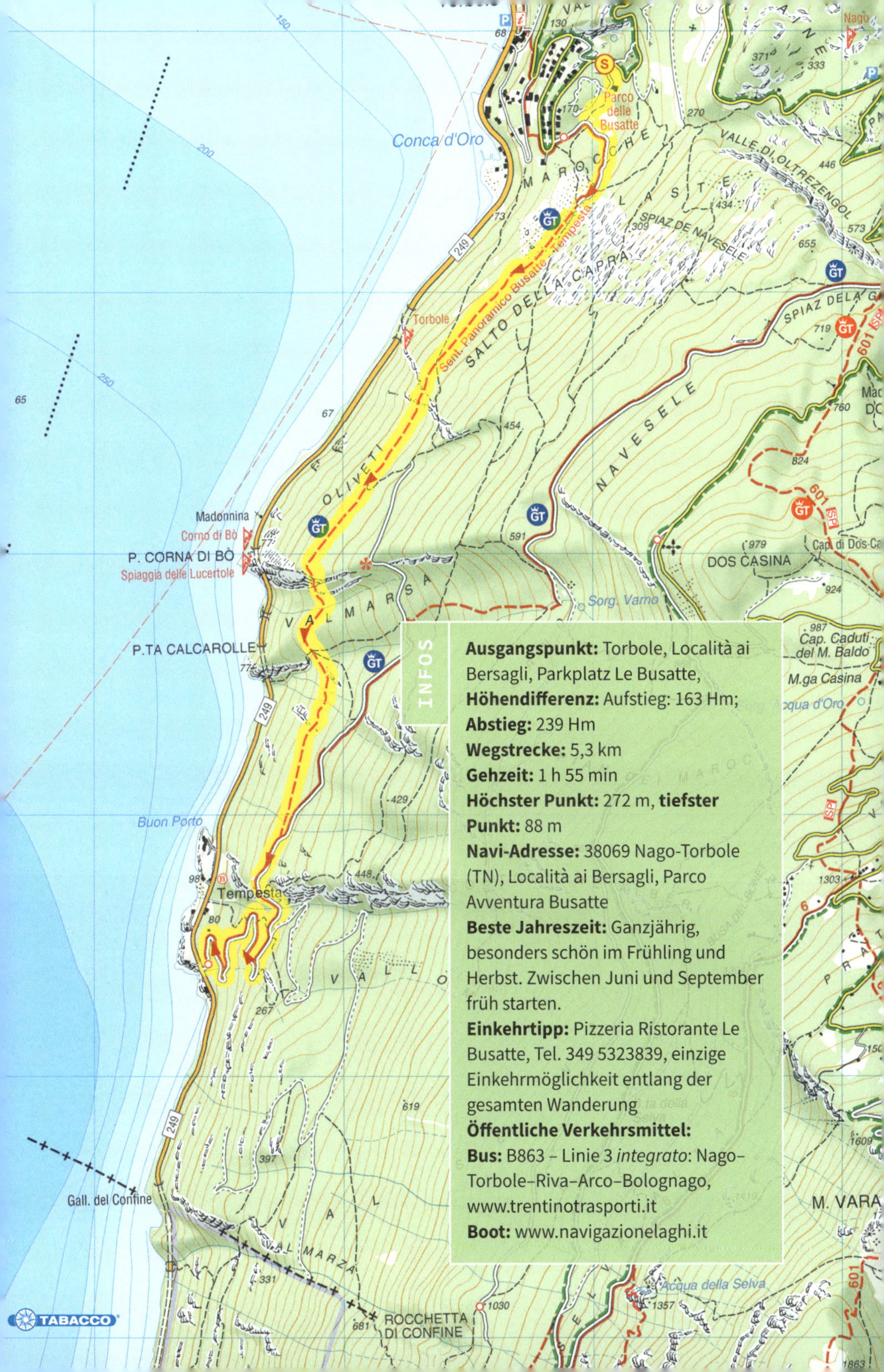

INFOS

Ausgangspunkt: Torbole, Località ai Bersagli, Parkplatz Le Busatte,
Höhendifferenz: Aufstieg: 163 Hm;
Abstieg: 239 Hm
Wegstrecke: 5,3 km
Gehzeit: 1 h 55 min
Höchster Punkt: 272 m, **tiefster Punkt:** 88 m
Navi-Adresse: 38069 Nago-Torbole (TN), Località ai Bersagli, Parco Avventura Busatte
Beste Jahreszeit: Ganzjährig, besonders schön im Frühling und Herbst. Zwischen Juni und September früh starten.
Einkehrtipp: Pizzeria Ristorante Le Busatte, Tel. 349 5323839, einzige Einkehrmöglichkeit entlang der gesamten Wanderung
Öffentliche Verkehrsmittel:
Bus: B863 – Linie 3 *integrato*: Nago–Torbole–Riva–Arco–Bolognago, www.trentinotrasporti.it
Boot: www.navigazionelaghi.it

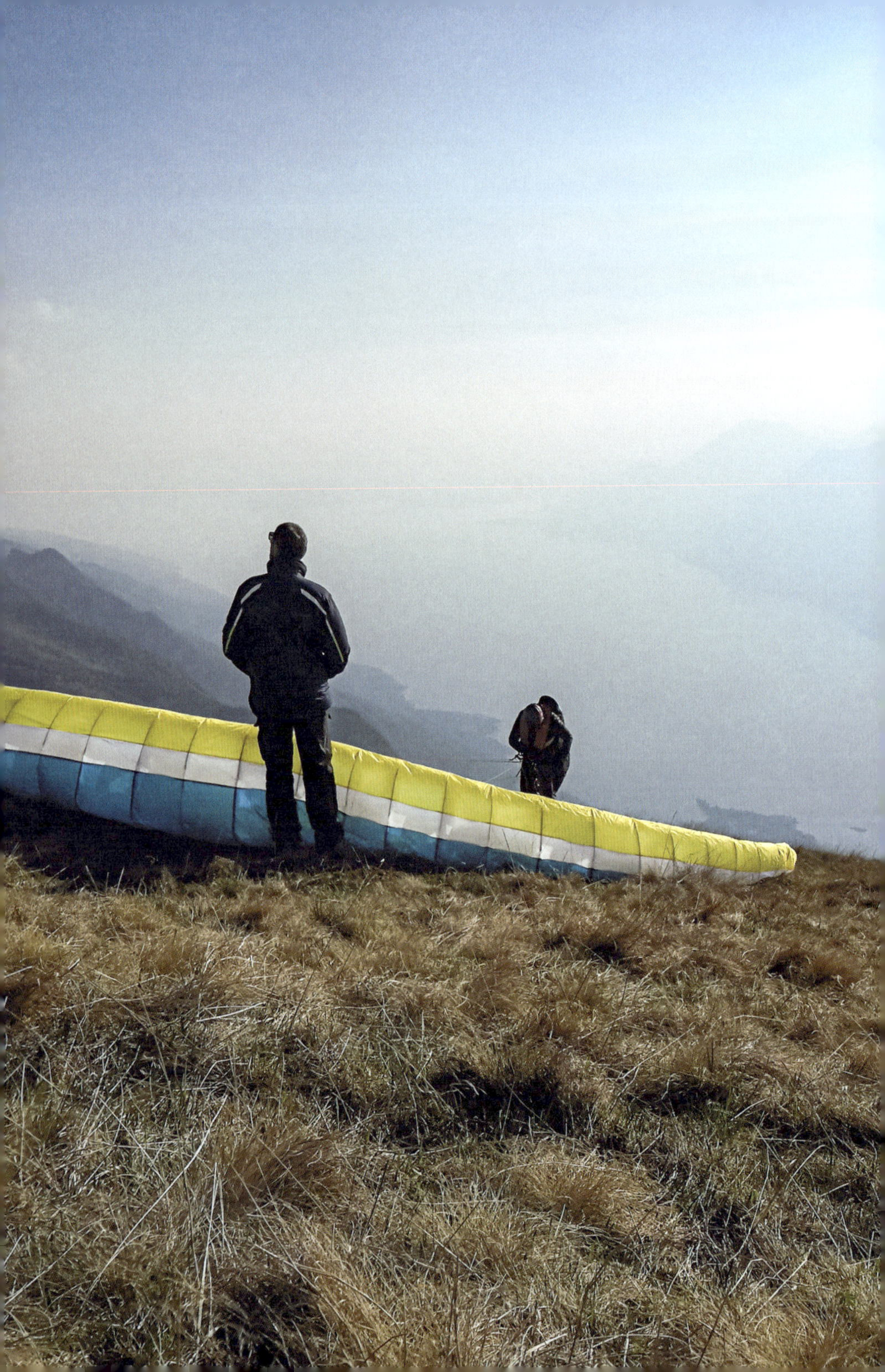

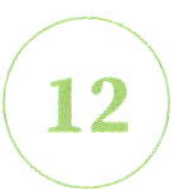

Edelweiß und Orchidee

AUF DEM MONTE BALDO ZUM *SENTIERO DEL VENTRAR*

Die Rundwanderung beginnt als Höhenspaziergang und führt dann steil bergab. Anschließend durchquert sie die Ostflanke der Cima di Colma in einem recht aufregenden Verlauf. Auf dieser Tour am Monte Baldo ist die wilde Felskulisse von Ventrar die Hauptdarstellerin. Der *Sentiero del Ventrar* ist eine der schönsten und eindrücklichsten Strecken der Region und quert zudem ein botanisches Paradies von europäischem Rang.

Die Tour beginnt an der **Seilbahn-Bergstation** auf 1.738 m Höhe. Wir spazieren in nördliche Richtung (Mark. 651 und Mark. 16) und wählen den ersten Anstieg auf der linken Seite, unmittelbar nach dem Zaun der Seilbahn. Wir queren den Bereich des Kinder-Skilifts „Paperino". Gleich danach beginnt der eigentliche Wanderweg, unterhalb der Startzone der Gleitschirmflieger. Der Weg ist schmal, aber leicht zu begehen, etwa zwei Kilometer lang und führt größtenteils bergab. Er bringt uns zur Kreuzung mit

DEN DREH HERAUS
Die Seilbahn Malcesine–Monte Baldo gilt als eine der beeindruckendsten weit und breit. Im oberen Abschnitt drehen sich die Kabinen während der Fahrt komplett um die eigene Achse.

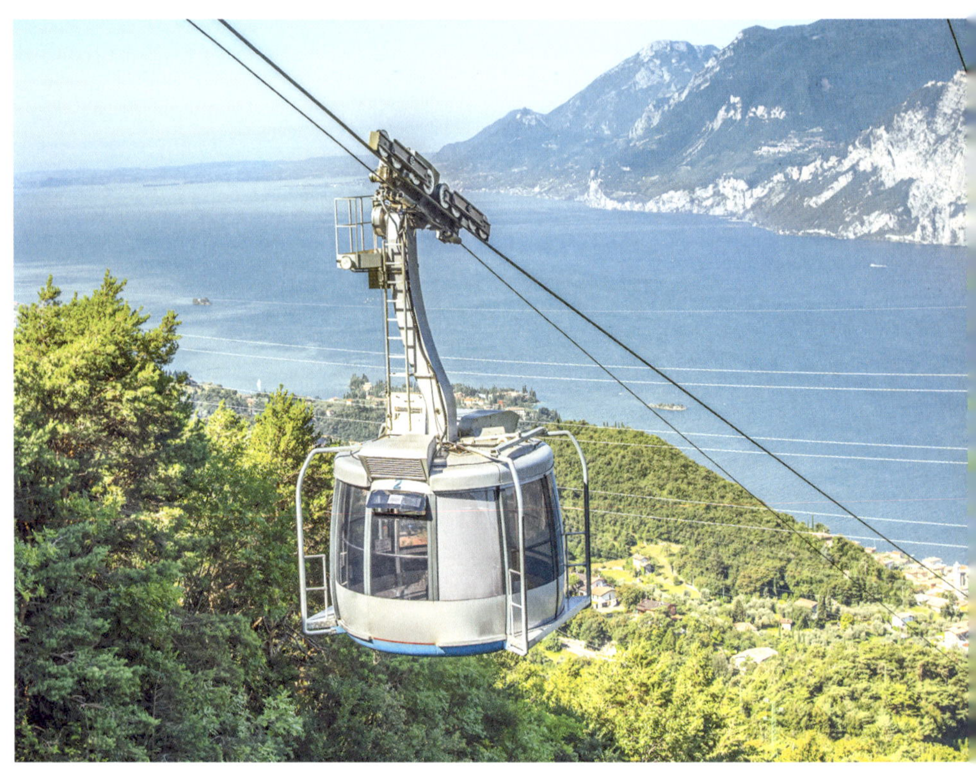

Hort der Artenvielfalt

Der Monte Baldo ist ein sogenannter Nunatak, blieb also während der Eiszeit von den Eismassen verschont. Die außergewöhnliche Vielfalt der Pflanzenwelt auf dem Monte Baldo zeigt sich am besten bei den Orchideen, von denen es über 60 verschiedene Arten gibt. Sie blühen je nach Höhenlage zwischen März und August. Ebenfalls bekannt und beliebt bei Bergsteigern sind das Edelweiß, die strahlend blühende rote Lilie, das Tiroler Windröschen, die gewöhnliche Pfingstrose und viele andere endemische Arten. Sie machen den Monte Baldo zu einem wahren Farbenmeer und einem „Garten Europas".

Der Einfluss des Sees auf das Klima in den Bergen ermöglicht das Nebeneinander von verschiedenen natürlichen Lebensräumen auf engstem Raum, darunter die Mittelmeer-Macchia mit ihren silbernen Olivenhainen, unberührte Wälder, alpine Hochweiden und schließlich die felsige Landschaft der Gipfel. Das macht den Monte Baldo so einzigartig und zur Klammer zwischen Alpen und Mittelmeerraum.

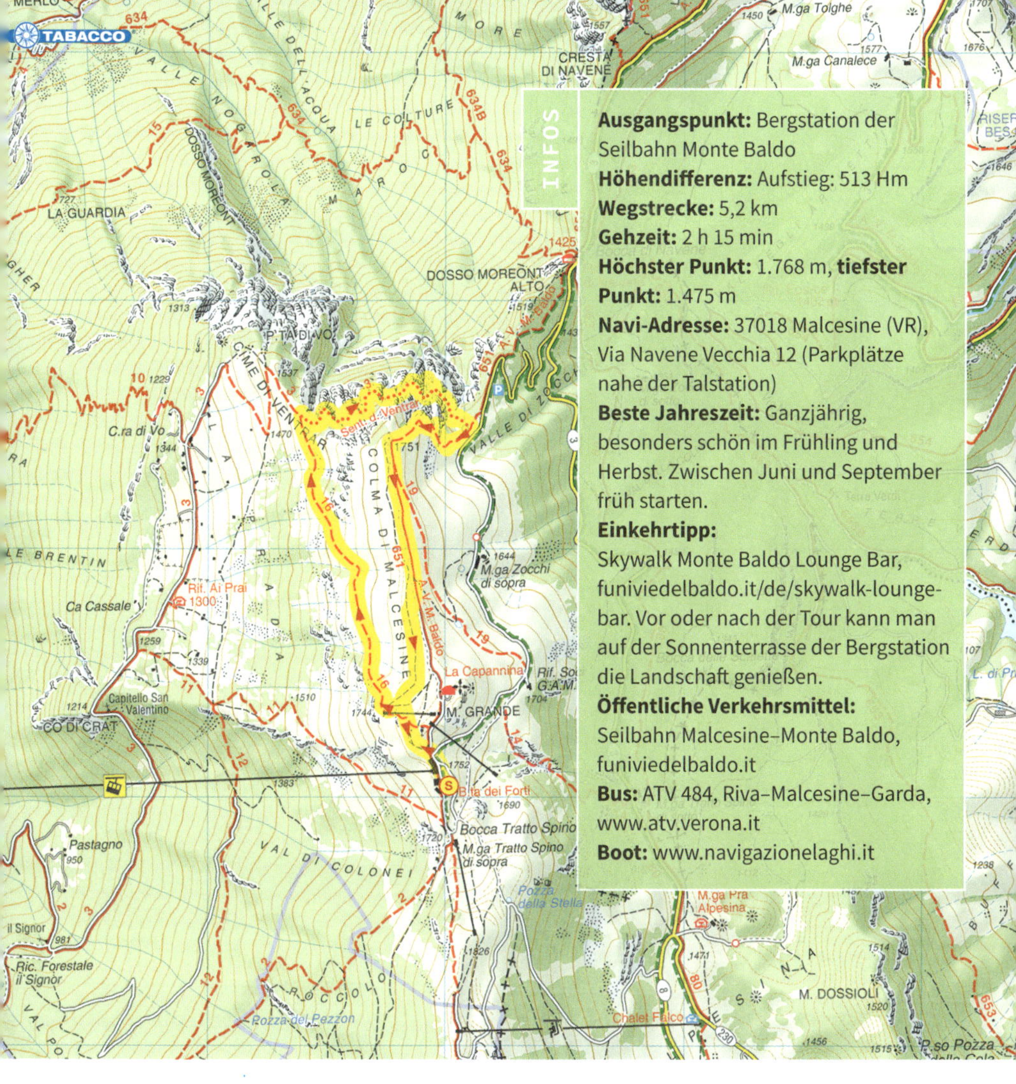

INFOS

Ausgangspunkt: Bergstation der Seilbahn Monte Baldo
Höhendifferenz: Aufstieg: 513 Hm
Wegstrecke: 5,2 km
Gehzeit: 2 h 15 min
Höchster Punkt: 1.768 m, **tiefster Punkt:** 1.475 m
Navi-Adresse: 37018 Malcesine (VR), Via Navene Vecchia 12 (Parkplätze nahe der Talstation)
Beste Jahreszeit: Ganzjährig, besonders schön im Frühling und Herbst. Zwischen Juni und September früh starten.
Einkehrtipp:
Skywalk Monte Baldo Lounge Bar, funiviedelbaldo.it/de/skywalk-lounge-bar. Vor oder nach der Tour kann man auf der Sonnenterrasse der Bergstation die Landschaft genießen.
Öffentliche Verkehrsmittel:
Seilbahn Malcesine–Monte Baldo, funiviedelbaldo.it
Bus: ATV 484, Riva–Malcesine–Garda, www.atv.verona.it
Boot: www.navigazionelaghi.it

dem ***Sentiero del Ventrar***. Nun biegen wir rechts ab (Mark. 3) und genießen diesen wunderbaren Pfad.

Am Ende des *Sentiero* wählen wir den Aufstieg über den steileren, aber kürzeren Pfad (Mark. 651), der hinauf zur Colma di Malcesine (1.750 m) führt. Wir folgen dem Weg in südliche Richtung und erreichen nach 1,5 Kilometern wieder den Ausgangspunkt an der **Bergstation**.

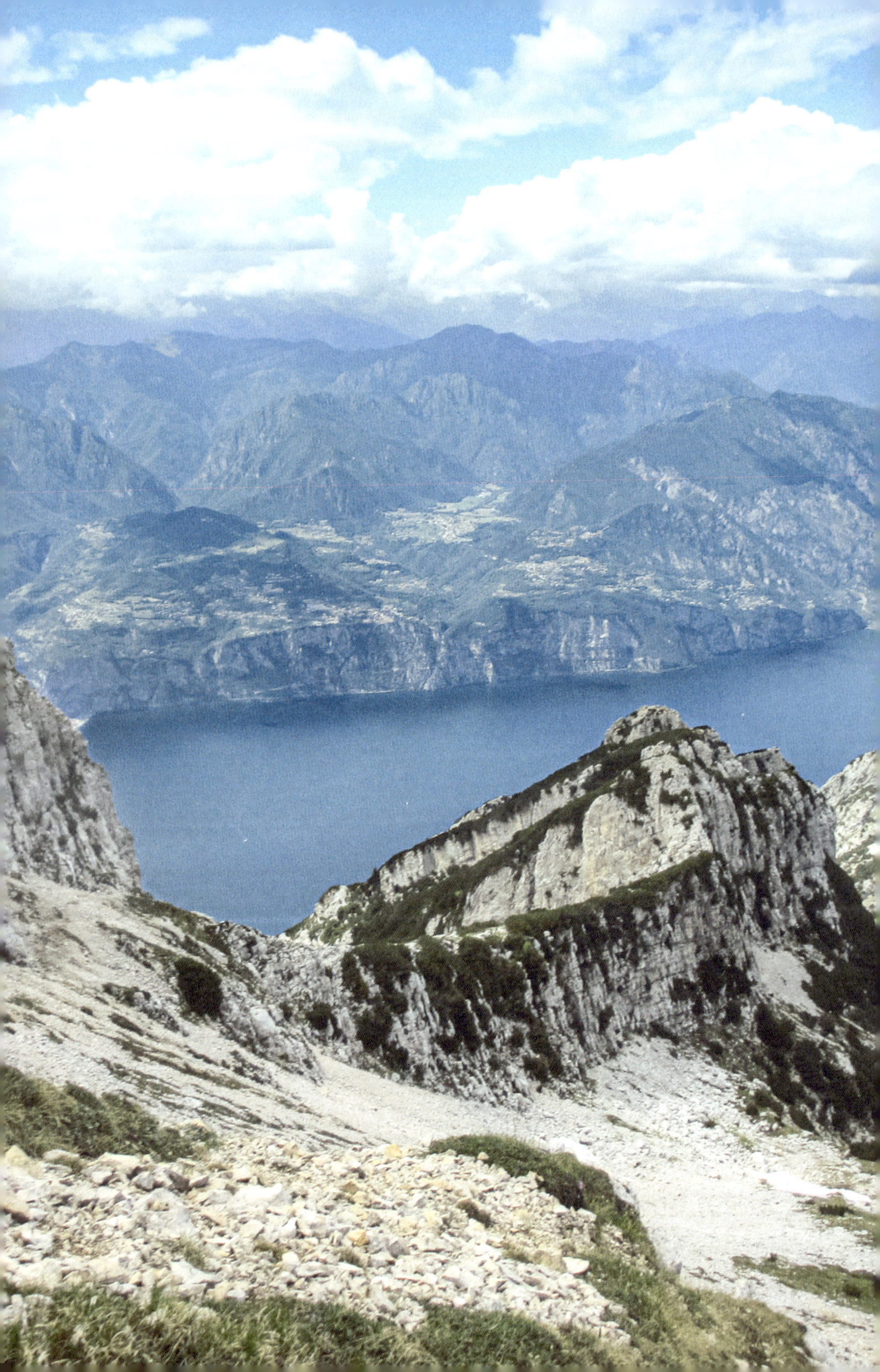

Gipfel-Hopping

VON DER SEILBAHN-BERGSTATION ZUM MONTE TELEGRAFO

Bei diesem Bergabenteuer überschreiten wir mehrere Gipfel am Monte Baldo, bis wir schließlich das Schutzhaus Rifugio Telegrafo Gaetano Barana erreichen. Trotz des alpinen Geländes ist die mediterrane Stimmung dank des tief unter uns liegenden Gardasee allgegenwärtig.

Bei dieser Wanderung ist etwas Ausdauer gefragt! Sie führt uns fernab überfüllter Pfade und ermöglicht uns, die unberührte Schönheit des Monte Baldo und seinen alpinen Charme zu erleben. Die Monte-Baldo-Gipfeltour startet an der **Bergstation der Seilbahn** von Malcesine und verläuft im stetigen Auf und Ab in südlicher Richtung (Mark. 651).

Von der Bergstation am Tratto Spino (1.798 m) wandern wir zunächst zum Gipfel der **Cima delle Pozzette** (2.128 m) und weiter zur **Cima del Longino** (2.180 m). Dort ändert die Landschaft ihren Charakter und der Weg verläuft entlang der Osthänge in Richtung Cima Valdritta (2.218 m). Der Abstecher zum Gipfel ist optional und erfordert weniger als 15 Minuten. Danach geht es weiter in Richtung Cima Telegrafo. Von der Cima Valdritta bis zur Abzweigung zur Cima Telegrafo benötigen

GARTEN EUROPAS

Weil der Gipfel des Monte Baldo während der Eiszeiten den Eispanzer überragte, bildete er eine Art Insel und war Lebensraum für die Flora und Fauna, die im Tertiär aus den nördlichen Regionen dorthin gewandert waren.

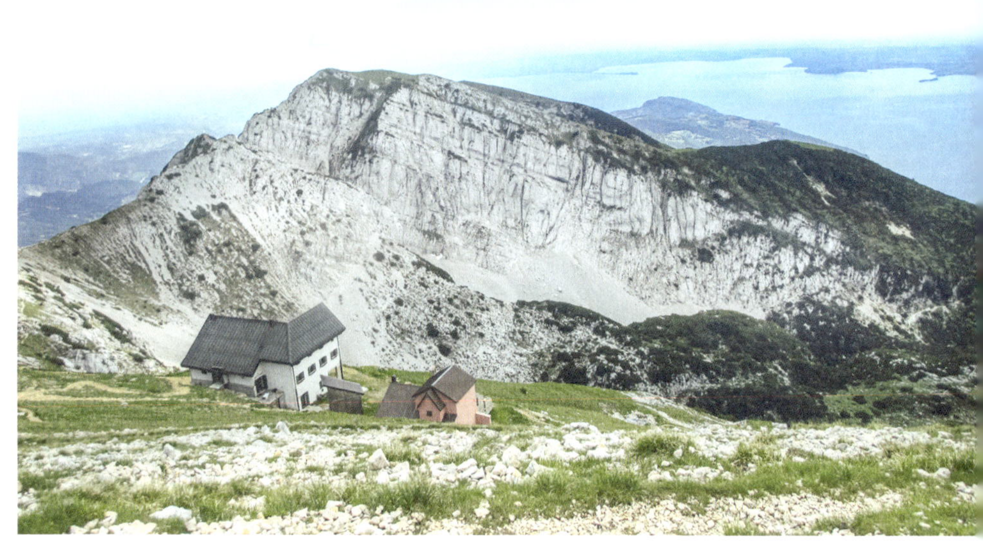

wir etwa eine Stunde. Dieser Abschnitt ist recht einfach und verläuft auf einem angenehmen Pfad.

An der erwähnten Abzweigung biegen wir rechts ab und steigen in nur wenigen Minuten zur Schutzhütte Gaetano Barana etwas unterhalb des **Telegrafo-Gipfels** auf. Dort können wir übernachten oder auf demselben Weg zurückwandern.

Falsch gerechnet

Im 18. Jahrhundert trug der Monte Telegrafo noch den Namen Monte Maggiore, weil er fälschlicherweise als der höchste Gipfel des Baldo-Massivs angesehen wurde. Später, während seines Italienfeldzugs, ließ Napoleon dort einen Telegrafen installieren. Dieses Kommunikationssystem verwendete visuelle Signale, ähnlich wie bei Schiffen, um zwischen verschiedenen Einheiten zu kommunizieren. Tatsächlich gab es viele solcher Telegrafen, Napoleon war einer der ersten, der sie nutzte.
Als sich herausstellte, dass der Gipfel nur der dritthöchste ist, dürfte das die Namensänderung begünstigt haben.

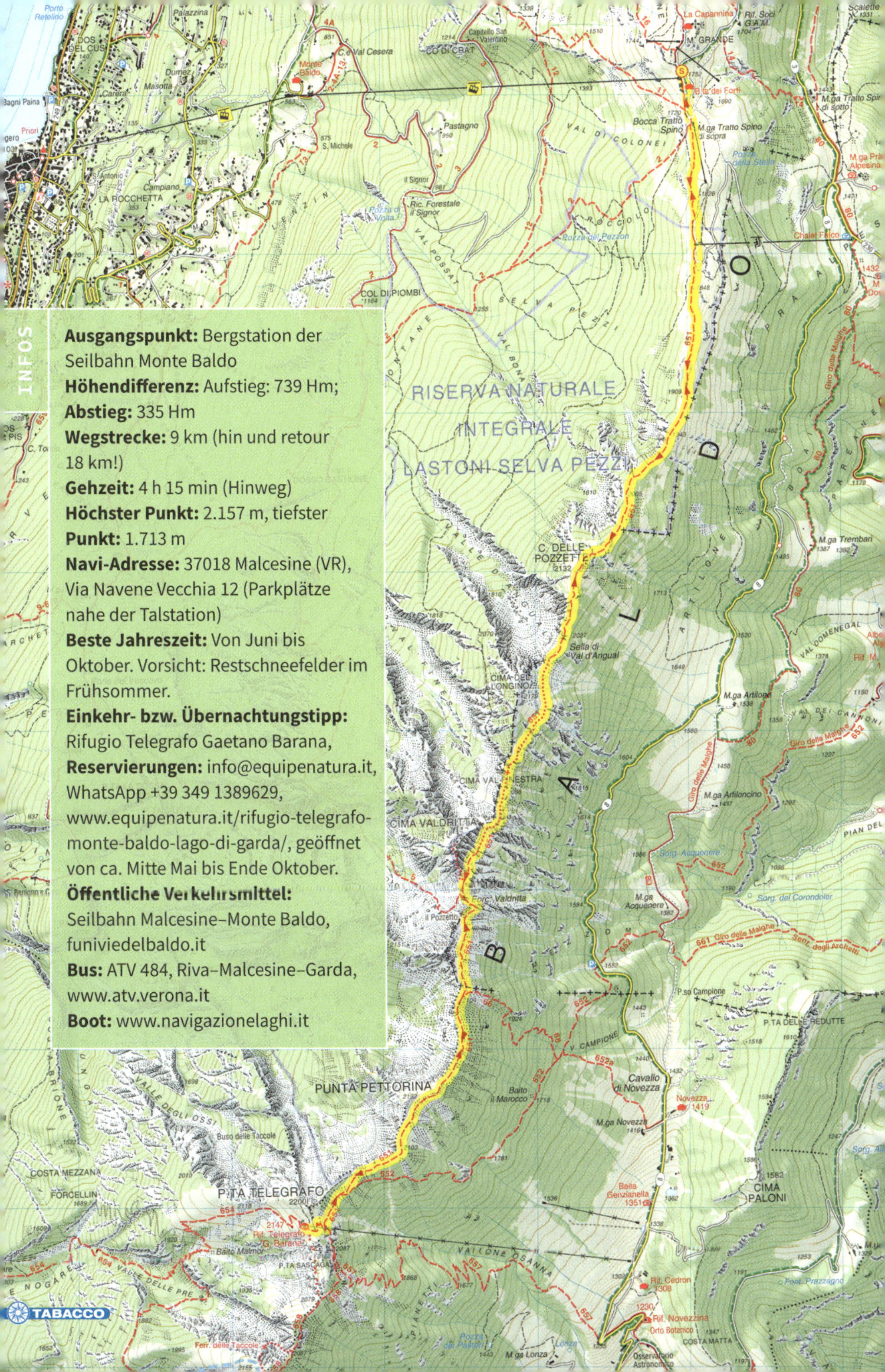

INFOS

Ausgangspunkt: Bergstation der Seilbahn Monte Baldo
Höhendifferenz: Aufstieg: 739 Hm;
Abstieg: 335 Hm
Wegstrecke: 9 km (hin und retour 18 km!)
Gehzeit: 4 h 15 min (Hinweg)
Höchster Punkt: 2.157 m, tiefster
Punkt: 1.713 m
Navi-Adresse: 37018 Malcesine (VR), Via Navene Vecchia 12 (Parkplätze nahe der Talstation)
Beste Jahreszeit: Von Juni bis Oktober. Vorsicht: Restschneefelder im Frühsommer.
Einkehr- bzw. Übernachtungstipp: Rifugio Telegrafo Gaetano Barana,
Reservierungen: info@equipenatura.it, WhatsApp +39 349 1389629, www.equipenatura.it/rifugio-telegrafo-monte-baldo-lago-di-garda/, geöffnet von ca. Mitte Mai bis Ende Oktober.
Öffentliche Verkehrsmittel: Seilbahn Malcesine–Monte Baldo, funiviedelbaldo.it
Bus: ATV 484, Riva–Malcesine–Garda, www.atv.verona.it
Boot: www.navigazionelaghi.it

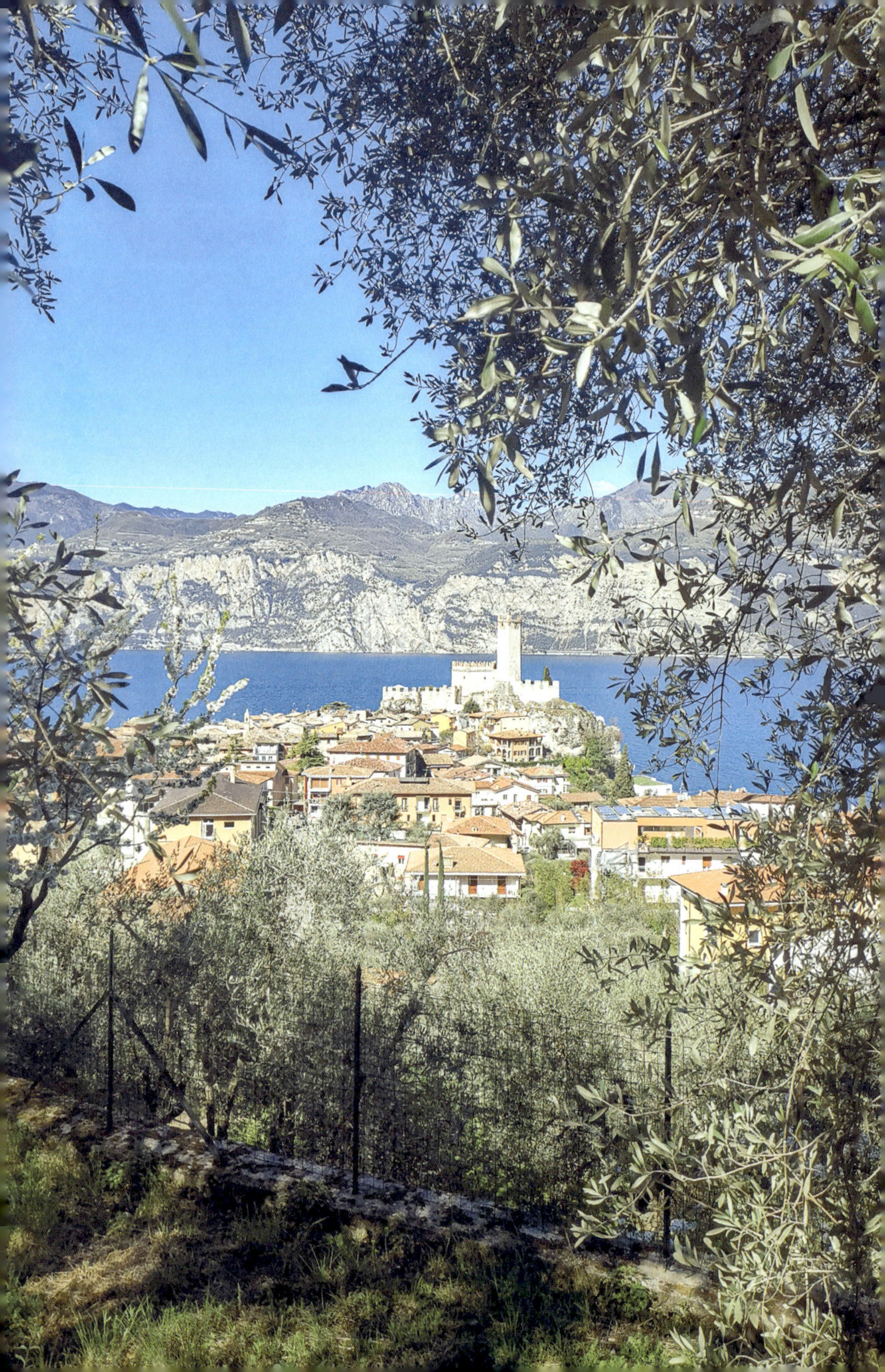

Waldeinsamkeit

VON MALCESINE ÜBER DIE MALGA FIABIO NACH CASSONE

Diese Tour quert die Westflanken des Monte Baldo mit ihren markanten Erosionsformen: Die Gesteinsschichten weisen hier häufig eine steilere Neigung auf als die des Hanges an sich. Die Einheimischen nennen die charakteristischen Erosionsformen „Flatiron" oder „Bügeleisen". Auf dieser abwechslungsreichen Wanderung treffen wir immer wieder auf verlassene, überwucherte Gebäude.

Die aufgrund ihrer Länge anspruchsvolle Wanderung startet an der **Talstation der Monte-Baldo-Seilbahn** (Mark. 1) und verläuft südwärts über die Via Saltarino und Via Sant'Antonio (bei einem Bildstock weist die Markierung nach links) bis zur Via Panoramica, auf der wir uns rechts halten, um bald scharf links in die Via San Maggiore einzubiegen. (Sollten Sie die erwähnte Abzweigung beim Bildstock verpassen, geht es über die drei Kehren der Via Panoramica bergauf bis zur Via San Maggiore.)

MINUSREKORD

Der Aril zählt zu den kürzesten Flüssen überhaupt: Er entspringt oberhalb von Cassone, durchquert das Ortszentrum und mündet nach nur 175 Metern in den Gardasee.

Der Pfad (Mark. 1) steigt stetig an, führt durch Olivenhaine und in den Wald zu einer Quelle (Sorgente della Marola). Nach etwa 500 Metern erreichen wir die **Malga Fiabio**, eine Sommerweide.

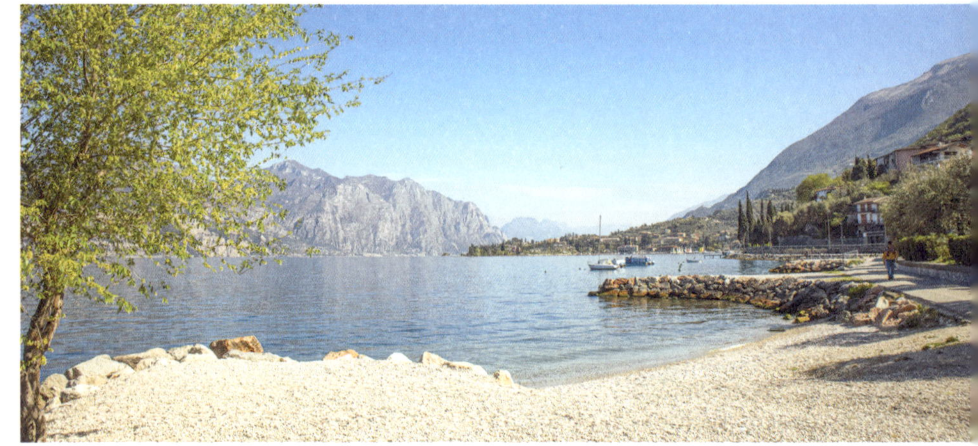

Nach einem weiteren Anstieg erreichen wir den höchsten Punkt der Tour, die Porta del Vescovo (865 m), von der aus sich beeindruckende Ausblicke auf die Schluchten des Baldo und den Gardasee bieten. Wir durchqueren malerische Wälder und überwinden eine charakteristische „Bügeleisen-Struktur" der Felsen. Der Abstieg führt uns zur verlassenen **Einsiedelei Santi Benigno e Caro**, wo wir eine längere Rast einlegen können.

Jetzt beginnt der steile Abstieg über einen Maultierpfad (Mark. 1) in Richtung **Cassone**. Der Weg führt an einem Bauernhof vorbei und geht in eine Betonpiste über, die in steilen Serpentinen nach Cassone hinabführt. Im Ort gibt es mehrere Einkehrmöglichkeiten. Der Rückweg nach **Malcesine** kann entweder zu Fuß entlang der Strandpromenade erfolgen oder mit dem Linienbus ATV 484. Mit Letzterem sparen Sie sich knapp 5 km.

Das Land, wo die Zitronen blühen

Auf seiner italienischen Reise übernachtete Goethe in Malcesine, damals Grenzort zwischen der Republik Venedig und Österreich. Als er am Morgen die Burgruine der Stadt zeichnete, hielten ihn die Einheimischen für einen Spion, der im Auftrag des österreichischen Kaisers Josef II. einen Angriff vorbereiten sollte. Goethe musste sich vor der Bevölkerung und den örtlichen Behörden rechtfertigen, glücklicherweise ließ sich das Missverständnis schnell aufklären.

INFOS

Ausgangspunkt: Talstation der Seilbahn in Malcesine (Parkplatz)
Höhendifferenz: Aufstieg: 807 Hm
Wegstrecke: 14,9 km (mit Bus ca. 10 km)
Gehzeit: 5 h 25 min
Höchster Punkt: 865 m, **tiefster Punkt:** 66 m
Navi-Adresse: 37018 Malcesine (VR), Via Navene Vecchia 12 (Parkplätze nahe der Talstation)
Beste Jahreszeit: Ganzjährig, besonders lohnend von März bis Mai. Im Sommer früh starten.
Einkehrtipp: Pizzeria Aril, Via Porto 3, Cassone, Tel. 045 6584200, bekannt wegen der sehr großen Pizzas, die hier serviert werden.
Öffentliche Verkehrsmittel:
Bus: ATV 484, Riva–Cassone–Malcesine–Garda, www.atv.verona.it
Boot: www.navigazionelaghi.it

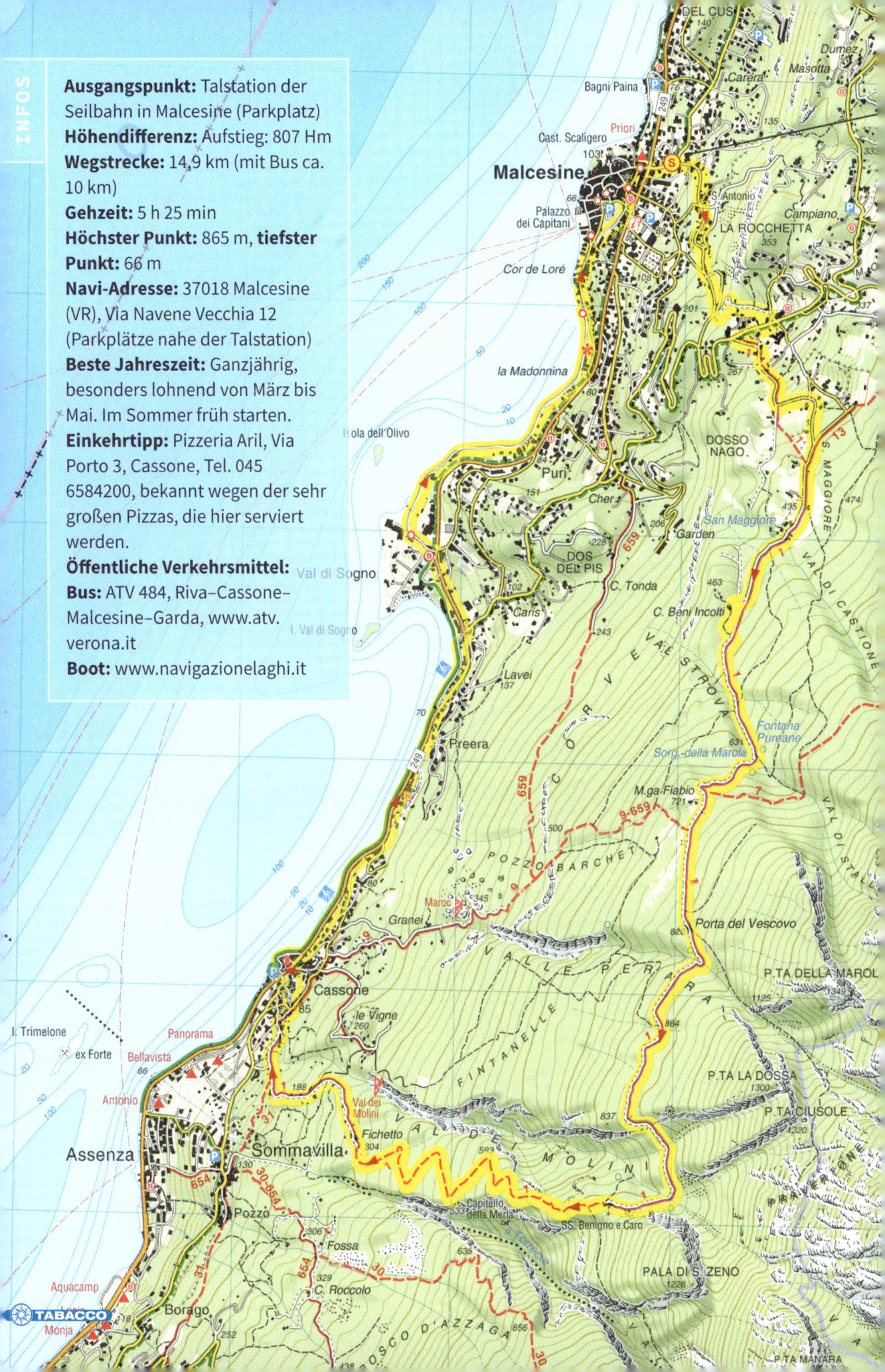

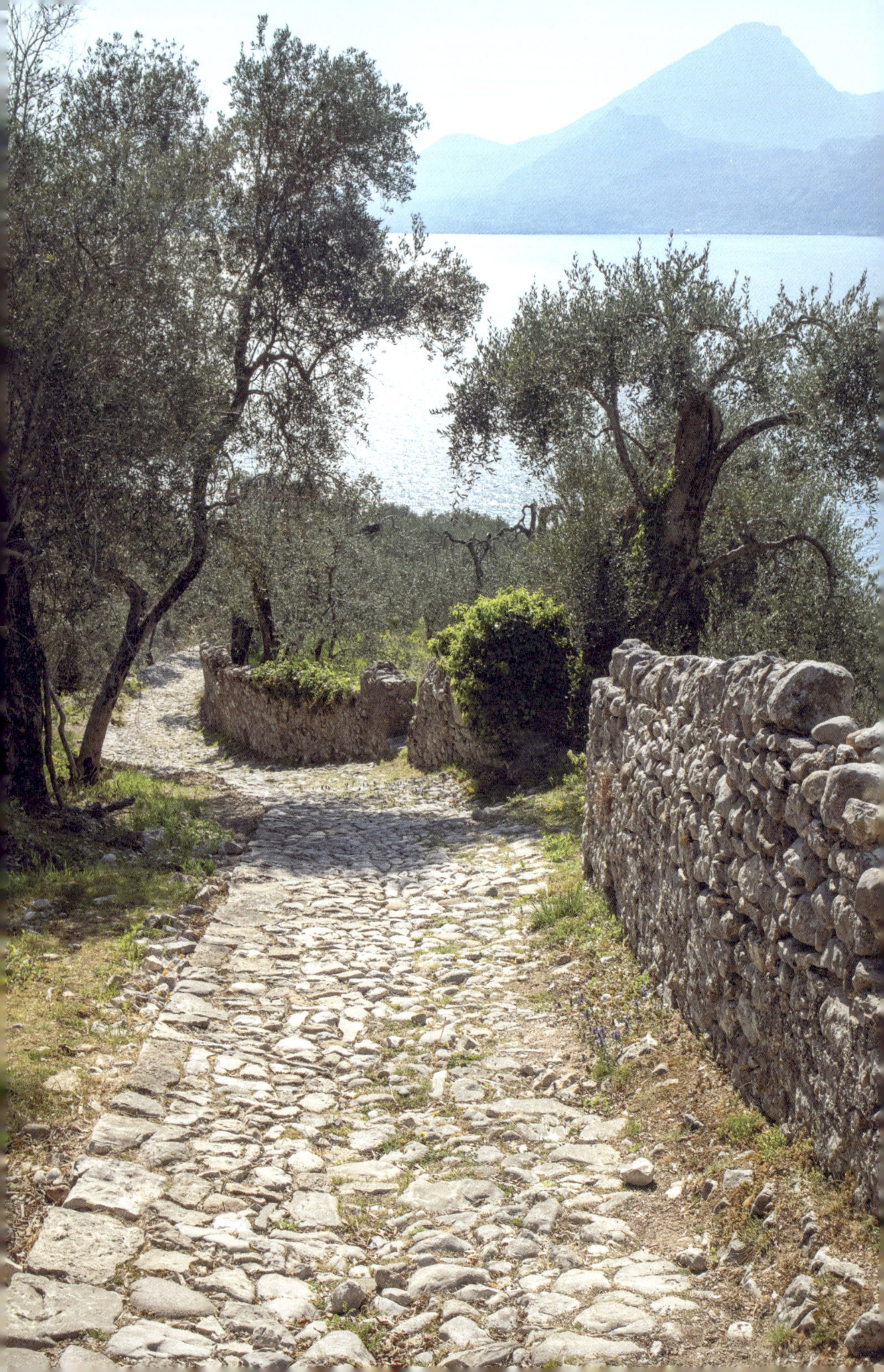

Wo die Zeit stillsteht

VON CASSONE ÜBER CAMPO NACH MARNIGA

Von Cassone am östlichen Ufer des Gardasees führt diese unkomplizierte Wanderung durch Olivenhaine und Buschland vorbei an Sant'Antonio delle Pontare in das verlassene Dörfchen Campo. Es verbirgt sich inmitten lieblicher Olivenhaine. Ein Ort voller Magie.

Die Rundwanderung beginnt auf dem Parkplatz am nördlichen Ortsende von **Cassone**. Wir folgen der Hauptstraße und überqueren sie beim Flüsschen Aril. Eine breitere Straße führt südwärts Richtung **Sommavilla** di Brenzone (Mark. 31) und Pozzo (130 m). Die Route verläuft auf breiteren Wegen und einem Saumpfad durch terrassenförmig angelegte Olivenhaine, stetig ansteigend. Der Weg mündet bei der Ca' Perotti (315 m) in den Wanderweg Nr. 33. Auf diesem wandern wir weiter bis zur Kapelle **Sant'Antonio delle Pontare**, die dem Schutzpatron der Tiere gewidmet ist. Anschließend queren wir die weitläufigen Hänge der Punta Veleno. Auf etwa 920 m Höhe mündet unser Wanderweg (Mark. 31, 33) unterhalb einer Häusergruppe kurz vor der Malga di Fies in den Weg Nr. 34.

Auf diesem steigen wir über Serpentinen, vorbei an alten Bauernhöfen und antiken Gemäuern, bis nach Pissarotta ab (ca. 300 m). An der dortigen Kreuzung halten wir uns rechts und erreichen bald das beschauliche, aber verlassene Dorf **Campo di**

Brenzone (www.campobrenzone.it). Hier nehmen wir uns Zeit für einen Rundgang, um die vielen schönen Details an den alten Häusers, die Fresken in der kleine Kirche San Pietro in Vincoli (St. Peter in den Ketten) und den Brunnen zu bewundern. Und genießen die Stille dieses zauberhaften Dorfes.

Von Campo steigen wir nach Marniga zur Straße am Ufer des Gardasees ab und wandern über den Rad- und Fußgängerweg in nördliche Richtung. Wir passieren Magugnano, Porto und Assenza und erreichen nach etwa 5 km wieder den Ausgangspunkt in **Cassone**. Ab Marniga besteht die Möglichkeit, den Bus ATV 484 zu nehmen. Sie kürzen die Wegstrecke damit um knapp 5 km ab.

SAN PIETRO IN VINCOLI

Die Kirche in Campo stammt aus dem 14. Jahrhundert und beeindruckt durch ihre schlichte Architektur. Lassen Sie die Wandgemälde von Giorgio da Riva auf sich wirken – es ist ein Erlebnis.

Das Dorf, in dem die Uhren stillstehen

Campo birgt malerische Ruhe. Mit nur fünf Einwohnern, einer für Touristen gesperrten Straße und einem überwältigendem Seeblick, ist es ein Geheimtipp. Teile des Dorfs werden derzeit renoviert, etwa 60 % der Häuser gehören einer Stiftung zum Erhalt des Ortes. Campo ist über einen alten Saumpfad erreichbar und bewahrt seinen ursprünglichen Charakter. Zwischen jahrhundertealten Olivenhainen umschlingt die üppige Vegetation die verlassenen Gebäude. Die engen Gassen, das Schloss, die gut erhaltene Kirche und ein einziger Brunnen zeugen vom vergangenen Leben. Die Entvölkerung von Campo – erste Quellen belegen seine Existenz schon 1023 – begann Mitte des 19. Jahrhunderts und verstärkte sich um 1930, nach Fertigstellung der „Gardesana", der Straße am östlichen Seeufer. Im Laufe der vergangenen 100 Jahre fiel das Dorf in einen Dornröschenschlaf, aus dem es noch nicht wieder erwacht ist.

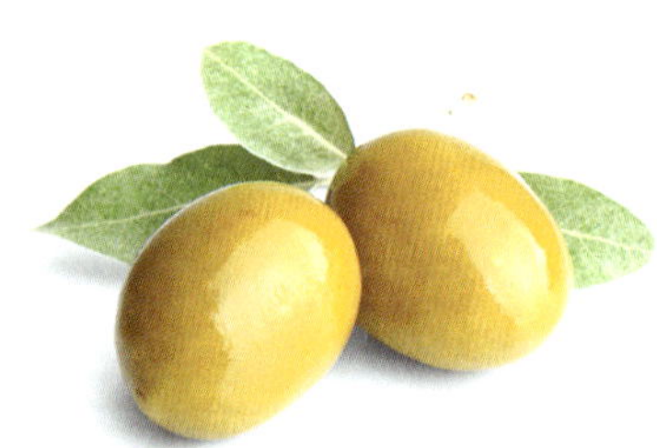

INFOS

Ausgangspunkt: Cassone, Parkplatz am Ufer
Höhendifferenz: Aufstieg: 863 Hm
Wegstrecke: 15,7 km (mit Bus ca. 10,5 km)
Gehzeit: 5 h 35 min
Höchster Punkt: 926 m, **tiefster Punkt:** 65 m
Navi-Adresse: 37018 Malcesine (VR), Parcheggio Comunale Cassone di Malcesine
Beste Jahreszeit: Ganzjährig, besonders schön im Frühling und Herbst. Zwischen Juni und September früh starten und ausreichend Trinkwasser mitnehmen.
Einkehrtipps: Giuly in Magugnano, www.ristorantegiuly.it
Da Umberto in Castelletto, daumberto.it (etwas abseits der Route)
Öffentliche Verkehrsmittel:
Bus: ATV 484, Riva–Marniga–Cassone–Garda, www.atv.verona.it
Boot: www.navigazionelaghi.it

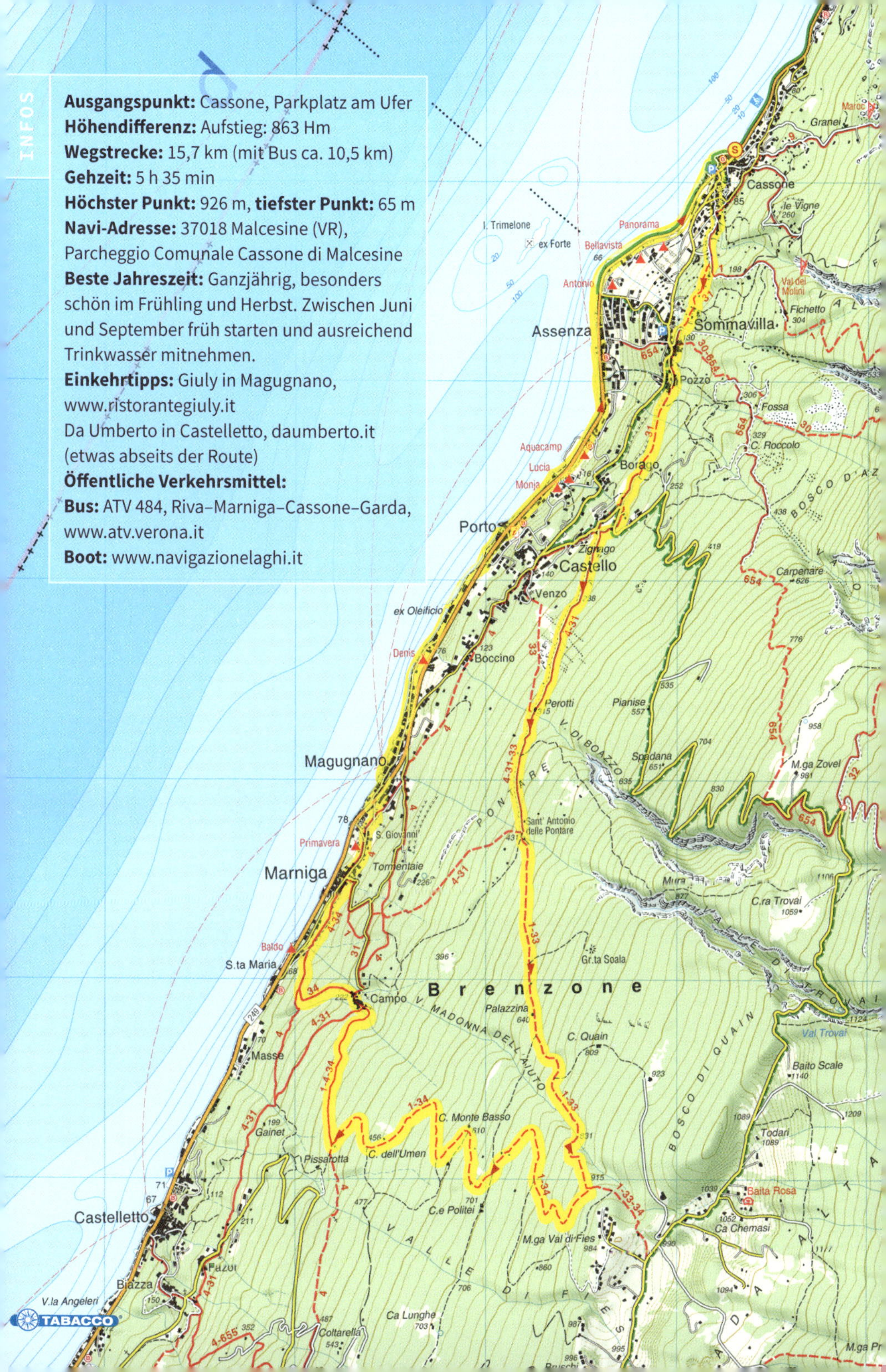

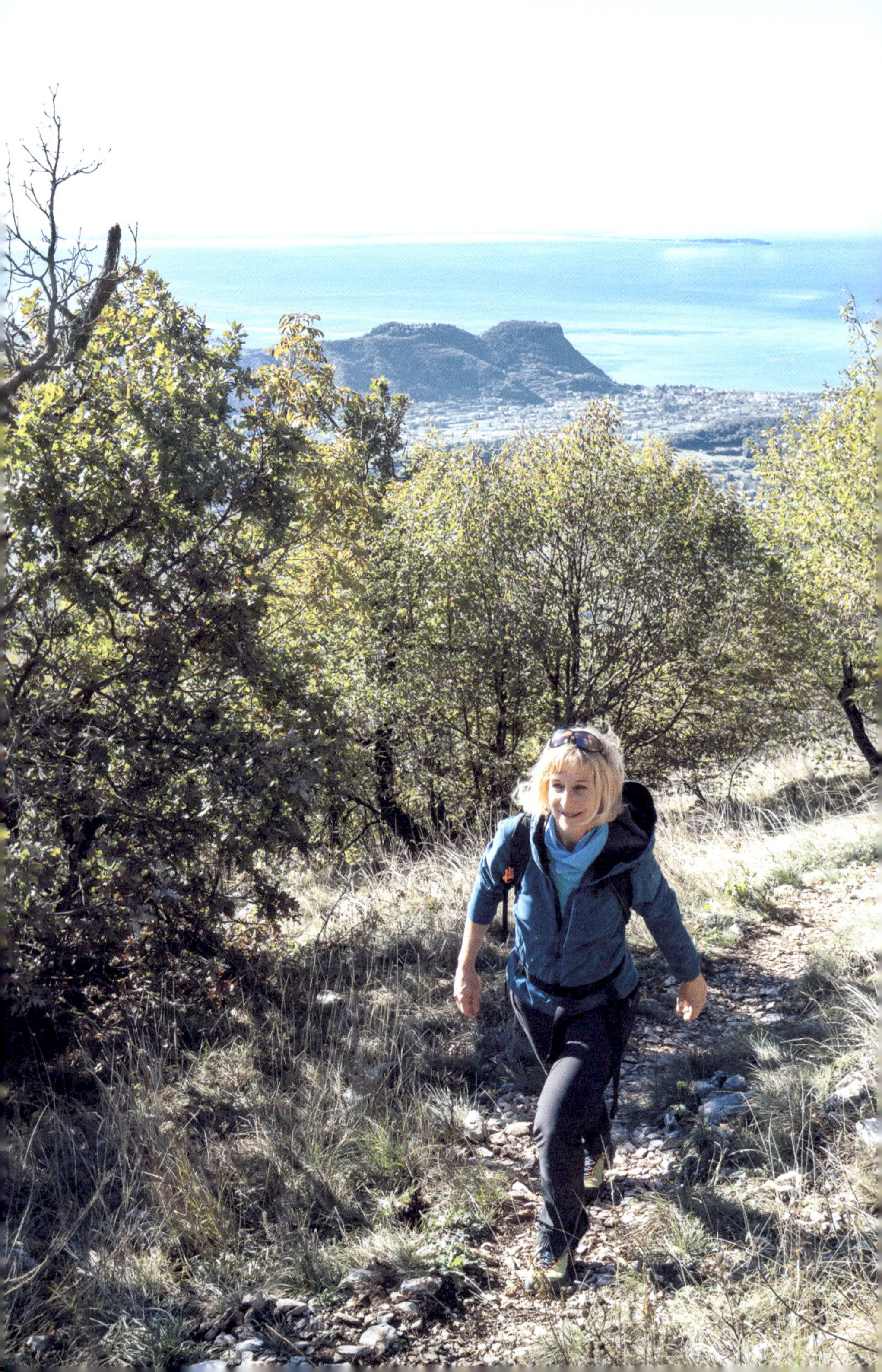

Alles Kastanie

VON SAN ZENO DI MONTAGNA NACH LUMINI UND ZUM MONTE BELPO

Üppige Kastanienhaine und der offene Blick auf den Gardasee sind die Glanzpunkte dieser einfachen Rundwanderung in San Zeno di Montagna. In Lumini gedeihen die „Marroni“ in Hülle und Fülle und landen anschließend auf den Tellern zahlreicher Trattorien von Rang und Namen. Am Gipfelkreuz des Monte Belpo angekommen, öffnet sich eine wunderschöne Aussicht auf den südlichen Gardasee und die Poebene.

In **San Zeno di Montagna** (beim Schwimmbad, 604 m) beginnt unsere Wanderung und führt am Campingplatz vorbei in den Kiefernwald. Wir folgen den Schildern nach Sperane bis wir auf eine Asphaltstraße stoßen (grün/weiße Wegweiser „San Zeno S21“). Im Inneren des Kiefernwaldes könnten mehrere unmarkierte Abzweigungen verwirren, aber alle Wege in östliche Richtung führen zur erwähnten Straße.

Auf dieser halten wir uns rechts und folgen ihr bis ins idyllische Dörfchen **Lumini** (695 m). Wir durchqueren den kleinen Weiler und folgen ab der Kirche für ca. 800 m der asphaltierten Straße in Richtung Caprino, bis kurz vor einer Linkskehre rechts Weg S30 bergauf führt. Schilder weisen zum **Monte Belpo**. An der nächs-

DER HIRTENBERG
Im Mittelalter lebten die Menschen rund um den Monte Baldo von der Schafzucht. Im 16. Jahrhundert förderten die Venezianer die Weidewirtschaft, vor allem die Rinderzucht. Wälder wurden gerodet, um Wiesen und Weiden zu schaffen.

ten Abzweigung geht es rechts hinauf zum Gipfelkreuz (Mark. S31), bei dem wir eine Rast einlegen und die Fernsicht auf den südlichen Gardasee und die Poebene genießen. Dieser Abschnitt ist der anspruchsvollste der gesamten Strecke, aber er ist sehr kurz. Der eigentliche Gipfel des Monte Belpo liegt etwa 100 m weiter östlich.
Nach einer Stärkung aus dem Rucksack geht es weiter in Richtung Nordosten: An der Abzweigung halten wir uns links (S31) und steigen hinab zur Asphaltstraße, die nach Lumini führt und die wir bereits vom Hinweg kennen. Für den Rückweg bleiben wir auf dieser Straße, wandern am Jungle Adventure Park vorbei bergab, bis links die Via Dosso Croce abzweigt. Ihr folgen wir bis zu unserem Ausgangspunkt beim Schwimmbad in der **Via Giuseppe Zanetti**.

Die Genussbotschafter von San Zeno

Das Bergdorf San Zeno di Montagna, an den südlichen Ausläufern des Monte Baldo, ist für seine Edelkastanien bekannt. Die *Marroni* von San Zeno entsprechen der geschützten Herkunftsbezeichnung DOP (*denominazione di origine protetta*). Die Früchte werden nach einer traditionellen Methode einer sorgsamen Behandlung unterzogen: der *Novena* und der *Rissara*. Bei Ersterer lässt man die *Marroni* in kaltem Wasser ohne jegliche Zusätze neun Tage lang ruhen, wobei das Wasser jeden zweiten Tag teilweise oder vollständig ersetzt wird. Bei der *Rissara*, die schon immer in diesen Bergen praktiziert wird, legt man die *Marroni* 8–15 Tage lang im Freien aus. Beide Methoden haben das Ziel, die natürliche Gärung zu fördern, wodurch sich die Frucht öffnet und so vor Pilzen, Schimmel und Parasiten geschützt ist.
Das traditionelle Kastanienfest in San Zeno findet an den Wochenenden ab Mitte Oktober bis Anfang November statt, *www.marronedisanzeno.it*.

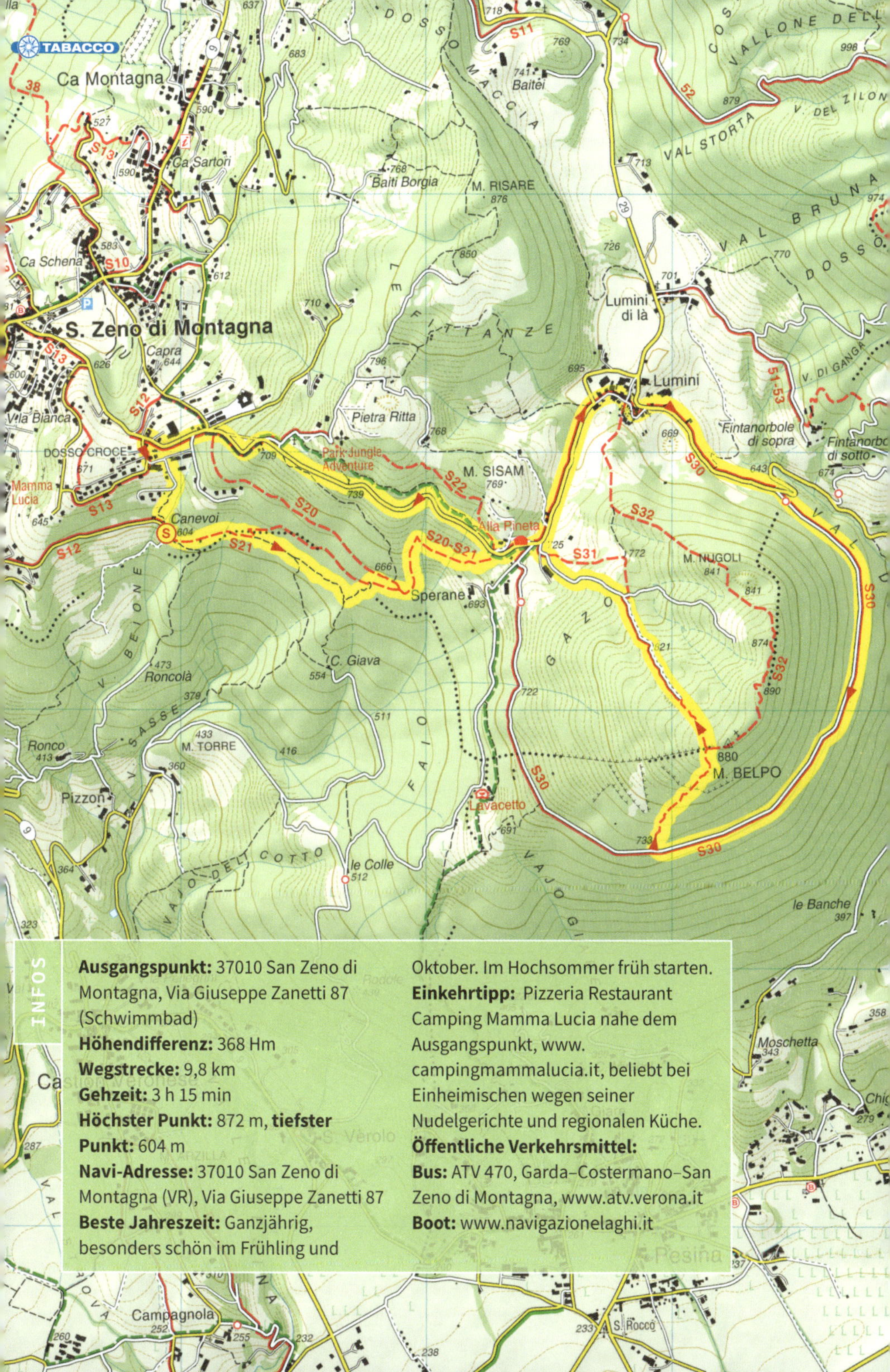

INFOS

Ausgangspunkt: 37010 San Zeno di Montagna, Via Giuseppe Zanetti 87 (Schwimmbad)
Höhendifferenz: 368 Hm
Wegstrecke: 9,8 km
Gehzeit: 3 h 15 min
Höchster Punkt: 872 m, **tiefster Punkt:** 604 m
Navi-Adresse: 37010 San Zeno di Montagna (VR), Via Giuseppe Zanetti 87
Beste Jahreszeit: Ganzjährig, besonders schön im Frühling und Oktober. Im Hochsommer früh starten.
Einkehrtipp: Pizzeria Restaurant Camping Mamma Lucia nahe dem Ausgangspunkt, www.campingmammalucia.it, beliebt bei Einheimischen wegen seiner Nudelgerichte und regionalen Küche.
Öffentliche Verkehrsmittel:
Bus: ATV 470, Garda–Costermano–San Zeno di Montagna, www.atv.verona.it
Boot: www.navigazionelaghi.it

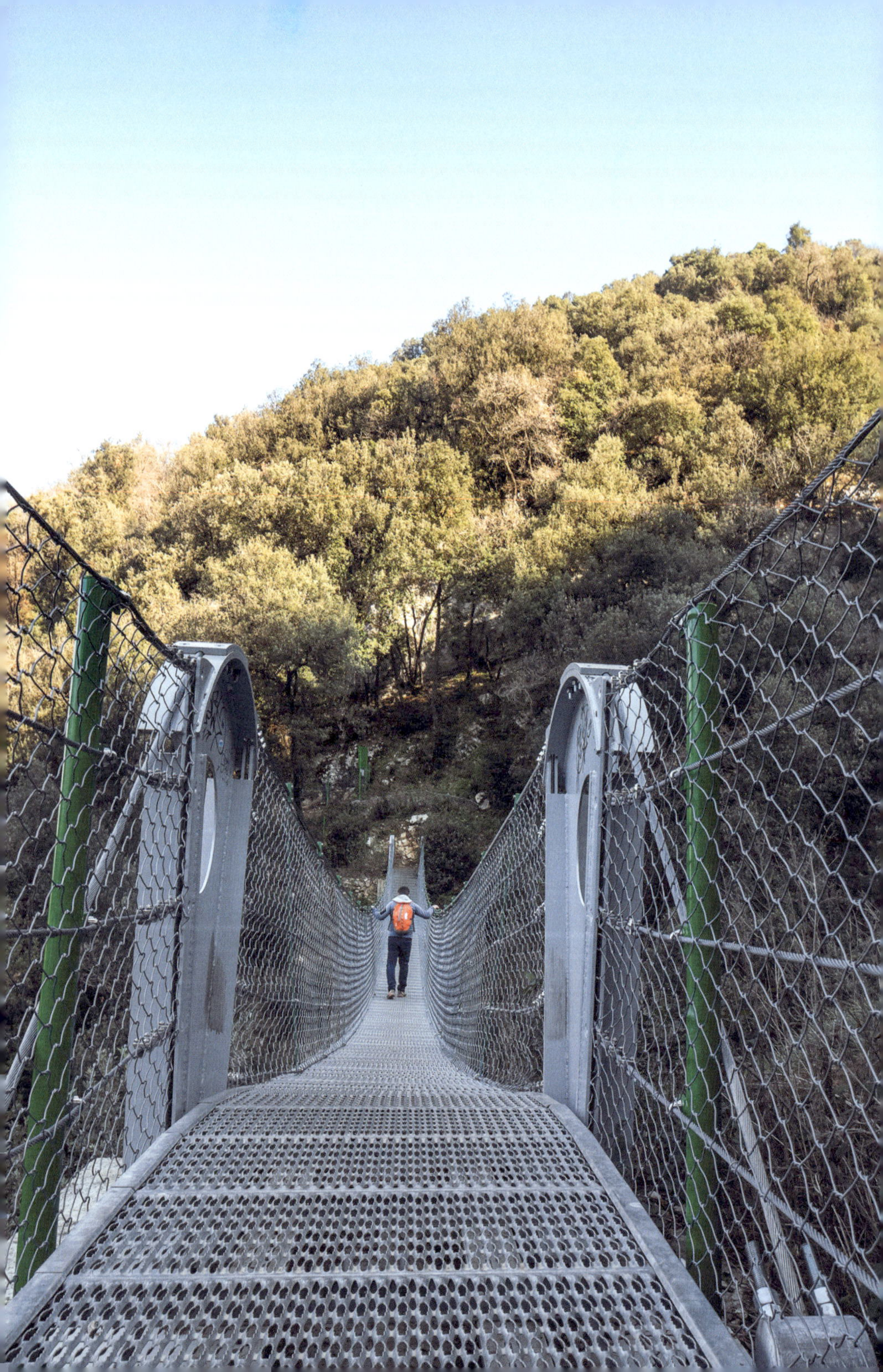

Alles schwingt

RUNDWEG VON CRERO ÜBER SAN ZENO DI MONTAGNA

Das Bergdorf Crero mag klein sein, aber ein aufmerksamer Spaziergang durch seine Gassen belohnt mit dem Anblick fein restaurierter Steinhäuser, verträumter, von Efeu umschlungener Häuschen, blühender Terrassen, verborgener Gärten und historischer Treppen sowie mit malerischen Ausblicken. Unsere Rundwanderung weist mit der neu erbauten Hängebrücke, dem *Ponte Tibetano*, eine zusätzliche Attraktion auf.

Die Rundwanderung beginnt an dem bezaubernden Platz in Crero (207 m). Sie führt geradeaus vorbei am Kirchlein San Siro über den *senter de mes*, was im lokalen Dialekt „mittlerer Weg" bedeutet, hinein in den erfrischenden Wald (Mark. 39). Auf dem Weg treffen wir immer wieder auf Bänke und Tische, die sich perfekt für eine Rast eignen. Eine kunstvoll gestaltete Hütte mit einer kleinen Skulptur zieht ebenfalls die Aufmerksamkeit auf sich. Immer wieder öffnen sich wunderschöne Ausblicke auf den See.

DER PONTE TIBETANO

Die 34,70 Meter lange und einen Meter breite Hängebrücke spannt sich in bis zu 42 Metern Höhe über einen kleinen Canyon. Sie wurde 2019 errichtet und ermöglicht einen beschwingten Ausblick auf den Gardasee.

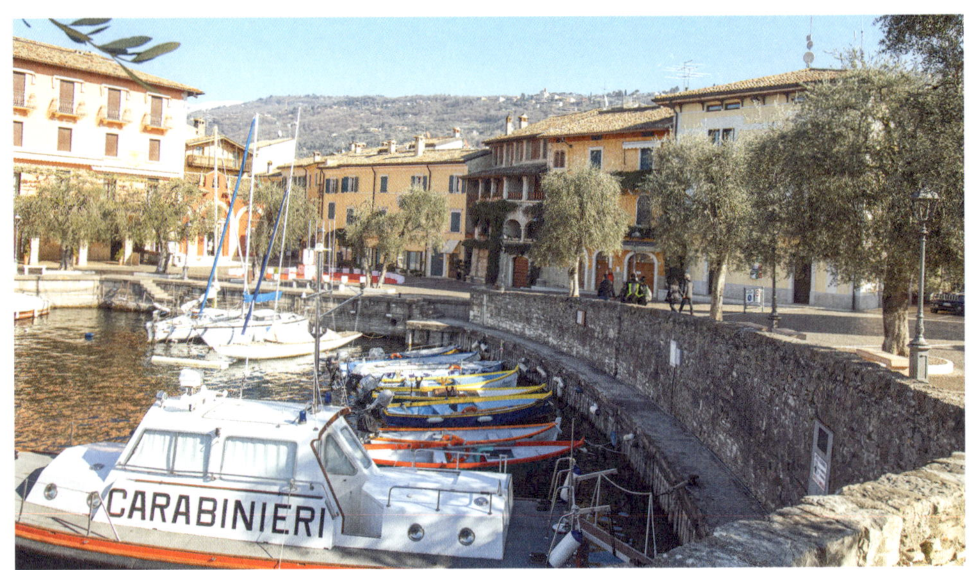

Nach etwa einer halben Stunde erreichen wir einen Höhepunkt dieser Wanderung: die Hängebrücke *Ponte Tibetano* über den tiefen Taleinschnitt der Valle Valzana. Wir überqueren sie, um auf der rechten Talseite weiterzuwandern. Man biegt nach rechts in den Weg (Mark. 38) ab, der bergauf zum Ortsteil Le Tese in San Zeno di Montagna (527 m) führt. Wir gehen durch die Häusergruppe, kurz nach einer Brücke biegen wir rechts ab (Mark. 39) und steigen ziemlich steil wieder nach Crero ab.

Die Felszeichnungen bei Crero

Bei der sogenannten „Roccia Grande“ (Großer Felsen) finden wir Graffiti aus verschiedenen Epochen: die meisten aus prähistorischer Zeit mit Spuren von Gravuren von Zeichen, menschlichen Figuren und Tieren. Hinterlassen haben diese Felszeichnungen wahrscheinlich Jäger und Hirten, die durch diese Gebiete zogen. Die Gravuren wurden mit der Hammermethode hergestellt, bei der das Gestein mit einem härteren Stein, wie Serpentin oder Quarzit, bearbeitet wurde. Um dorthin zu gelangen, folgen Sie etwa 20 Minuten dem „Graffiti-Pfad Prandine–Torri“, der ab dem kleinen Platz in Crero gut ausgeschildert ist.

INFOS

Ausgangspunkt: 37010 Crero, Parkplatz unterhalb des Ortes
Höhendifferenz: 396 Hm
Wegstrecke: 6,3 km
Gehzeit: Insgesamt 2 h 35 min
Höchster Punkt: 560 m, **tiefster Punkt:** 170 m
Navi-Adresse: 37010 Torri del Benaco (VR), Via per Crero 6
Beste Jahreszeit: Ganzjährig, besonders schön im Frühling und Oktober. Im Hochsommer früh starten und ausreichend Trinkwasser mitführen.

Einkehrtipp:
Trattoria Panoramico, Crero, www.trattoriapanoramico.it. Den Sonnenuntergang auf der Terrasse der Trattoria zu genießen, ist ein einzigartiges Erlebnis.

Öffentliche Verkehrsmittel:
Bus: Im Sommer (bis Ende September) kostenlose Shuttlebusse von Torri del Benaco nach Crero
Boot: www.navigazionelaghi.it

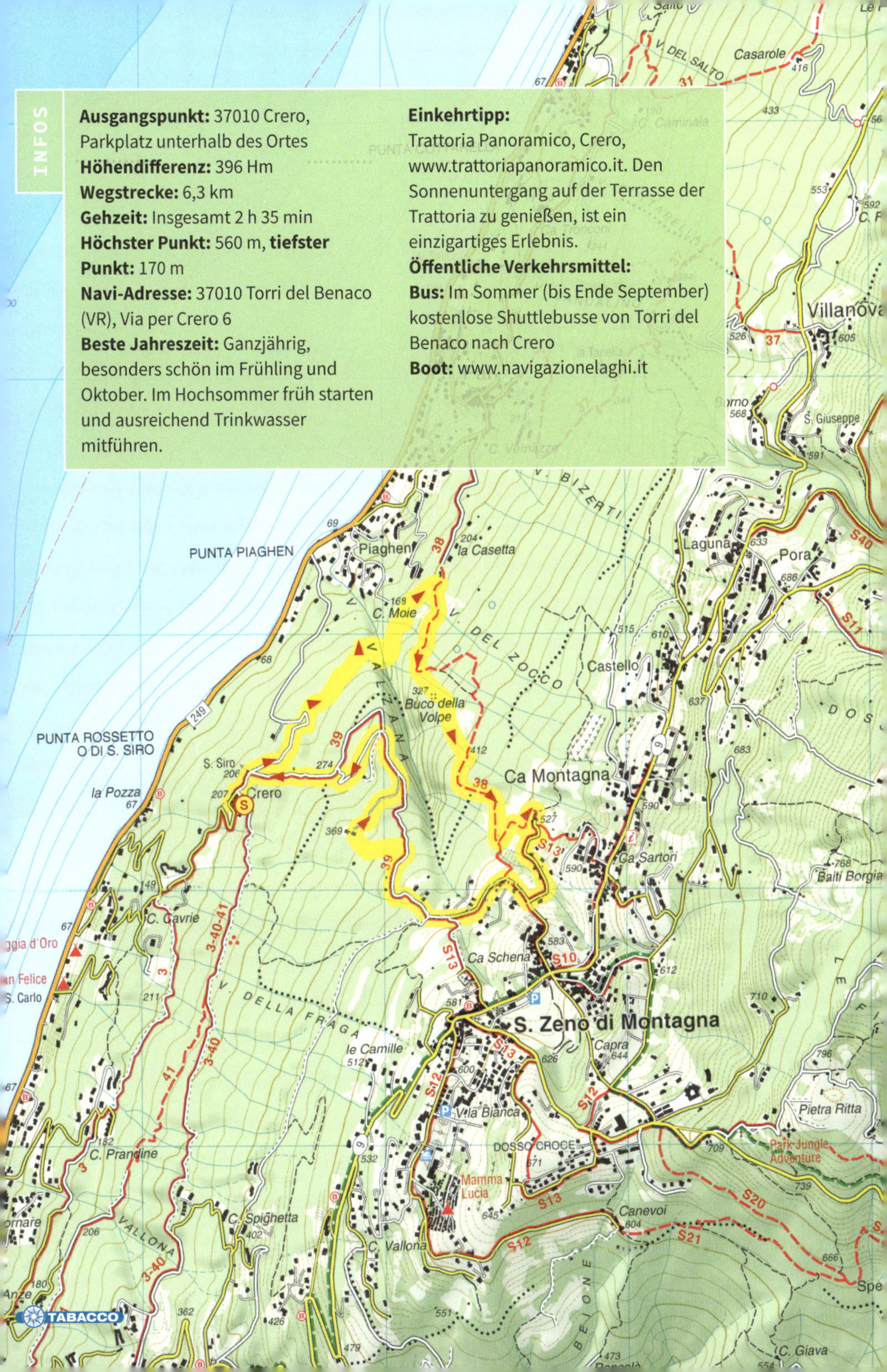

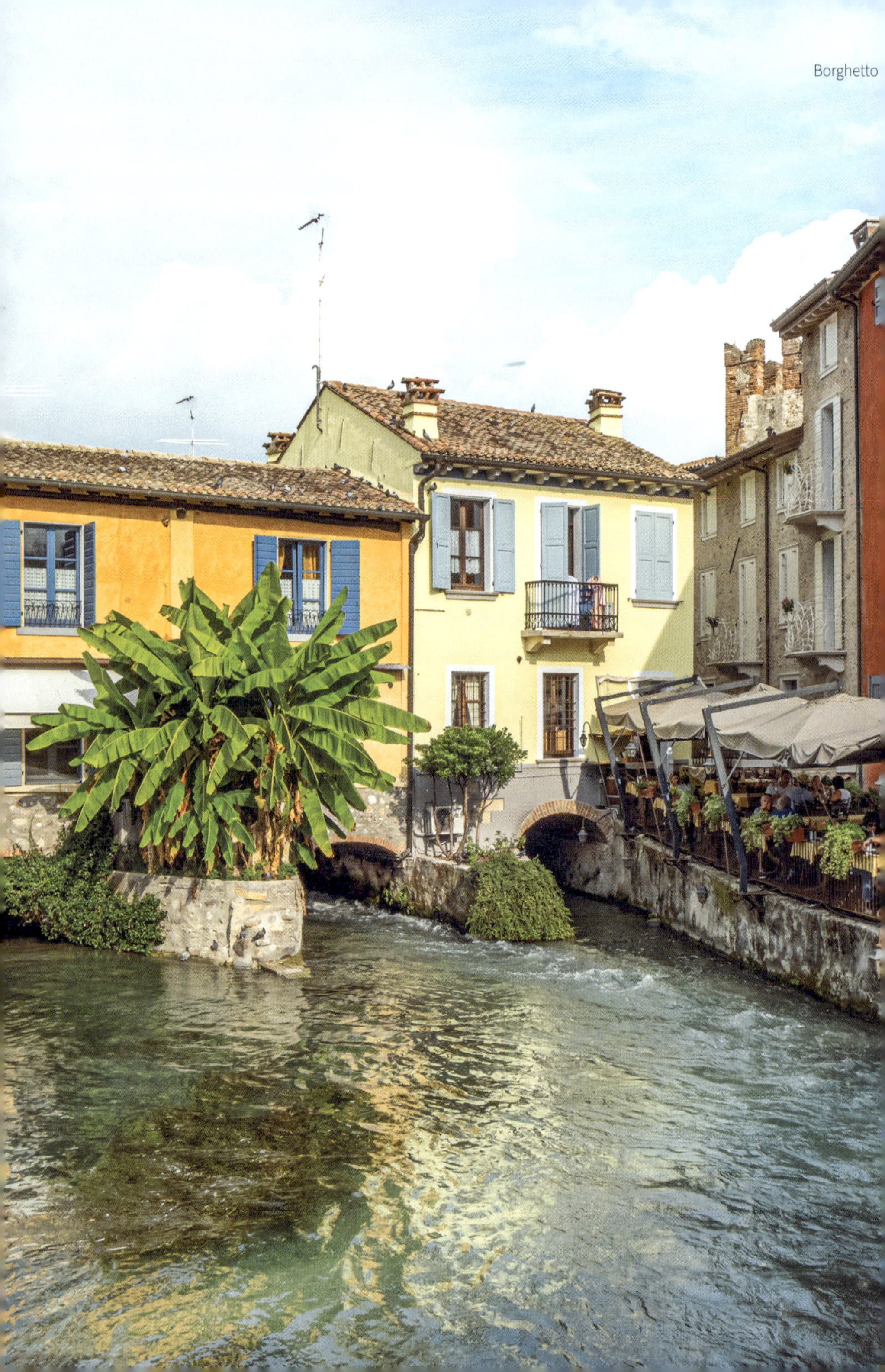
Borghetto

Am Rad der Geschichte

MIT DEM FAHRRAD VON PESCHIERA NACH MANTUA

Das Minciotal besticht aufgrund seiner Natur, der Burgen und der schönen mittelalterlichen Dörfer. Unsere Radroute beginnt in Peschiera und schlängelt sich mal rechts, mal links des Flusses Mincio in Richtung Mantua, immer nah am Wasser und abseits von stark befahrenen Straßen. Ab der Stadtmauer von Peschiera befahren wir schattige ehemalige Treidelwege, auf denen Menschen oder Tiere früher einmal Kähne flussaufwärts gezogen haben. Die hügelige Landschaft ist geprägt von Getreide- und Weinanbau, Auwälder und geschichtsträchtige Orte tragen zusätzlich zum Reiz bei.

Wir radeln am **Bahnhof von Peschiera** am Südufer des Gardasees los (alternativ in Valeggio sul Mincio). In Peschiera folgen wir der guten Beschilderung (Radroute Peschiera–Mantova) am orographisch rechten Ufer und fahren über den befestigten Weg, der von Pappeln und Zypressen beschattet wird. Bald erreichen wir **Monzambano**, ein mittelalterliches Städtchen mit einer imposanten Burganlage.

Nach ungefähr 15 Kilometern ab Peschiera kommen wir ins malerische **Valeggio sul Mincio** (alternativer Ausgangspunkt für diese Tour). Sie sollten unbedingt die vorzüglichen Tortellini kosten, die angeblich hier in Valeggio sul Mincio erfunden wurden!

DER LIEBESKNOTEN

Die Tortellini ahmen angeblich die Form des verknoteten Seidentuches nach, das der Legende nach die Nymphe Silvia ihrem Geliebten zurückgelassen hatte. Die Liebe endete tragisch, immerhin verdanken wir ihr die köstlichen Tortellini!

Neben der Scaliger-Festung fasziniert besonders der Stadtteil **Borghetto** mit den historischen Wassermühlen und der Visconti-Brücke am Ufer des Mincio. Dieses imposante Damm- und Brückenbauwerk wurde von Visconti, Herzog von Mailand, in Auftrag gegeben, um die Stadt Mantova auszutrocknen und zu erobern, was ihm allerdings beides nicht gelang.

Die Radroute führt weiter entlang des orographisch linken Flussufers, immer wieder gibt es schöne Rastplätze für eine Pause, auf der gegenüberliegenden Uferseite sind die historischen Mühlen von Volta zu sehen.

Ab **Pozzolo** folgt die Radroute nicht mehr dem Mincio, sondern dem Kanal Pozzolo–Maglio. Auf diesem Abschnitt ist auf den Verkehr zu achten und auf Kreuzungen Vorsicht geboten. Schilder informieren uns, dass wir am Naturpark Parco Bertone und den charakteristischen Flachlandwald Bosco Fontana vorbeifahren. Bei **Soave** treffen wir wieder auf den Flusslauf des Mincio, radeln durch weite Felder und erreichen schon bald die ersten Vororte von Mantua: Bei **Cittadella** verwandelt sich der Mincio in eine Seenlandschaft. Eine schmale Verbindungsstraße samt Rad-

Oasen der Ruhe in Vergils Stadt

Mantua ist zweifelsohne eine Kulturstadt, in der Geschichte und alte Kunst ständig mit der Moderne interagieren. Die Stadt lässt sich hervorragend zu Fuß erkunden, die wichtigsten Sehenswürdigkeiten sind bequem zu erreichen. Planen Sie wegen des reichen kulturellen und monumentalen Erbes mindestens zwei Tage für einen Besuch ein! Da wir mit dem Fahrrad hier sind, nutzen wir aber die Gelegenheit und erkunden die natürliche Umgebung der Stadt. Mantua wird vom Fluss Mincio umgeben, der in drei Seen mündet und der Stadt ein besonderes Flair gibt. Zudem bietet er Lebensraum für Schwäne, Reiher, Möwen und viele mehr. Das Grün der Schilfrohre und das Blau des Wassers rund um die Stadt bilden einen schönen Kontrast zu den Klängen, Farben und der Hektik des städtischen Lebens.

weg trennt den Lago Superiore und den Lago di Mezzo und führt uns an die Nordseite der erhabenen Renaissance-Stadt **Mantua** mit ihren prächtigen Villen und Palazzi. Ein schönes Gefühl, ohne hektische Parkplatzsuche das Ziel zu erreichen und entspannt die Kulturstadt genießen zu können!

Für die Rückfahrt nehmen wir entweder den Zug (mit Umstieg in Verona), oder – noch besser – wir übernachten in Mantua und radeln am nächsten Tag zurück.

INFOS

Ausgangspunkt: Peschiera del Garda, Bahnhof (alternativ: Valeggio del Mincio, Restaurant Al Fornello)
Höhendifferenz: 60 Hm
Wegstrecke: 45,8 km (nur Hinfahrt)
Fahrzeit: Insgesamt 3 h 30 min
Höchster Punkt: 77 m,
tiefster Punkt: 20 m
Navi-Adresse: 37019 Peschiera del Garda (VR), Stazione

Beste Jahreszeit: Ganzjährig, besonders empfehlenswert ab April bis Anfang Juni sowie im September.
Einkehrtipp: Ristorante Al Fornello, Loc. Fornello 5, Valeggio sul Mincio, trattoriaalfornello.it. Mein Lieblingslokal in Valeggio! Die Tagliata mit Gemüse ist ein Traum … und die tolle Auswahl an Weinen kommt noch on top.

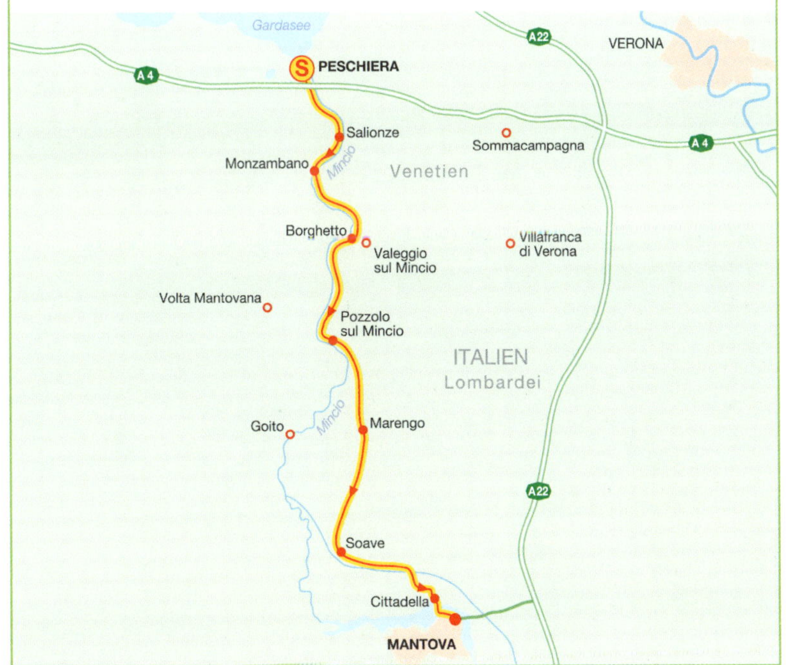

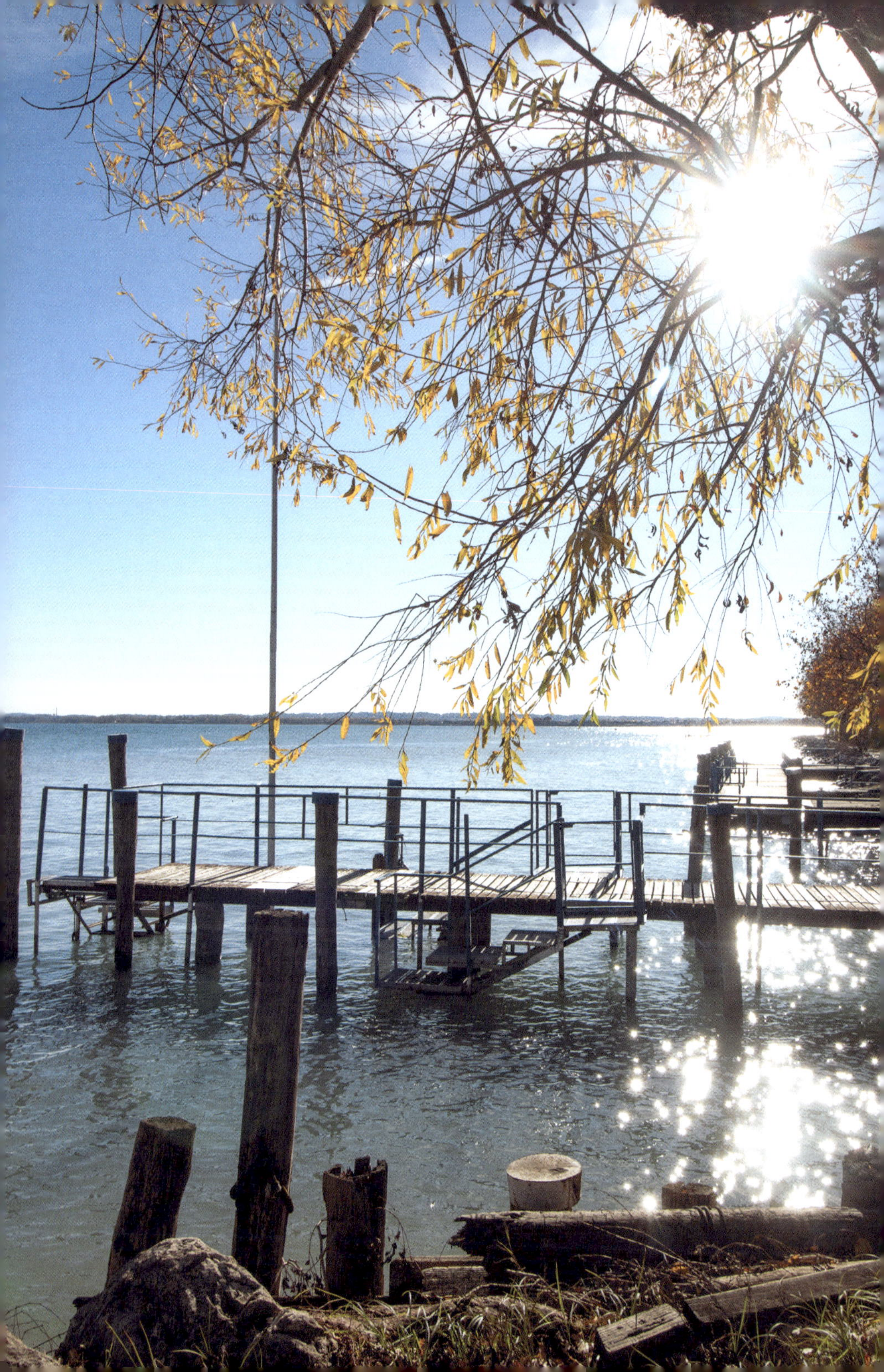

Wo der Lugana wächst

MIT DEM RAD VON PESCHIERA NACH SIRMIONE

Von Peschiera radeln wir zunächst durch das Weinanbaugebiet des Lugana mit seinen sanften Moränenhügeln bei San Martino della Battaglia. Dann besuchen wir den touristischen Hotspot Sirmione, das Städtchen der gefühlt 100 Eisdielen. Aber auch seine Scaliger-Festung und die „Grotten des Catull" lohnen einen Zwischenstopp. Bademöglichkeiten finden wir an der Punta Gro östlich von Sirmione.

Am **Bahnhof Peschiera** oder dem nahegelegenen Parkplatz starten wir unsere Radtour. Wir folgen dem Viale Stazione, queren dann die Brücke (Via Venezia) bis zu den historischen Stadtmauern. Durch das beeindruckende Stadttor, die Porta Verona erreichen wir den Viale Cordigero, der uns zum **Fähranleger** und Bootsverleih (Kurzparkzone) bringt. Nach Überquerung einer weiteren Brücke radeln wir entlang der Einbahnstraße am Seeufer (Via Lungolago Mazzini) bis zu einem kleinen Hafen. Dort biegen wir links ab (U-förmige Kurve) in die Via Puccini (vorbei am Camping Cappuccini) und weiter zur Hauptstraße (Via Milano). Wir biegen rechts in den Radweg ein, passieren einen Kreisverkehr und einen Fahrradverleih (Garda South Cycling) in der Via Milano und setzen unsere Fahrt geradeaus fort auf der Via Bell'Italia, vorbei am gleichnamigen Camping. Der malerische Radweg, gesäumt von Blumensträuchern, Pinien und Zypressen, begleitet die Hauptstraße und wechselt kurz vor dem Übergang in die Via Miralago die Straßenseite. In der Ortschaft Tafella mündet der Radweg in einen Kreisverkehr und führt uns nun entlang der Via Verona weiter (hier in der Nähe Bademöglichkeiten an der Punta Gro). Durch **Santa Maria di Lugana** radeln wir weiter auf der Via Verona an zwei Kreisverkehren vorbei, wobei der Radweg die Via Brescia bis zum weitläufigen Kreisverkehr flankiert (über die Via Matteotti würden wir rechts in den Ortskern von Sirmione gelangen).

HENRY DUNANT
Der Schweizer wird 1859 südlich des Gardasees, bei Solferino, Zeuge einer äußerst blutigen Schlacht, in der das Königreich Sardinien mit Frankreich Österreich besiegt. Dunants Erinnerungen führen zur Gründung des Roten Kreuzes.

Wir aber verlassen für einen Abstecher den Radweg in die Gegenrichtung, also Richtung Süden, folgen der Via Comunità Europea bis zum nächsten Kreisverkehr, wo wir in die Via Salvo D'Acquisto wechseln, später die Schnellstraße unterqueren und auf der SP 13 durch **San Martino della Battaglia** radeln. Leider ist dies derzeit die einzige Route, um die Baustelle der Schnellzugstrecke (TAV) zu umgehen (Stand März 2024). Nach der Überquerung der Autobahn folgen wir der Landstraße SP 13 bis zum Kreisverkehr. Dort biegen wir rechts ab und erreichen die ***Torre di San Martino della Battaglia***, wo wir uns in den Weinbergen oder in Gastbetrieben eine längere Pause gönnen können.

Ein Glas Lugana bitte!

Wenn Sie durch die malerische Hügellandschaft der Colline Moreniche am südlichen Gardasee radeln, sind Sie im Zentrum des Anbaugebietes des Lugana. Der erfrischende, leichte Weißwein reift auf den Hügeln zwischen Desenzano und Peschiera. Er besteht zu mindestens 90 % aus Trebbiano-Trauben und wird als stiller Wein und als Schaumwein hergestellt. Seine Farbpalette reicht von einem zarten Strohgelb bis hin zu einem leichten Grün, das im Laufe der Reifung einen goldenen Glanz annimmt.
Der Lugana ist ein hervorragender Aperitif und wird gerne zu italienischen Antipasti und Fischgerichten serviert.
Es gibt in dieser Region noch einen jüngeren, weniger bekannten Weißwein mit dem Namen San Martino della Battaglia, benannt nach dem historischen Ort.
Uns fällt die Wahl leicht – wir trinken beide.

Die Rückfahrt zum Radweg an der *Via Brescia* erfolgt auf derselben Strecke. Am Kreisverkehr radeln wir geradeaus über die bereits erwähnte *Via Matteotti* bis in den, auch für Fahrräder gesperrten historischen Ortskern von **Sirmione** (Fahrradabstellplätze am Ortseingang). Die Rückfahrt nach Peschiera erfolgt wieder über den bereits bekannten Radweg.

INFOS

Ausgangspunkt: Peschiera del Garda, Bahnhof (oder Fähranleger)
Höhendifferenz: 80 Hm
Wegstrecke: 38,5 km (mit Abstecher)
Fahrzeit: Insgesamt 3 h 15 min
Höchster Punkt: 138 m, **tiefster Punkt:** 65 m
Navi-Adresse: 37019 Peschiera del Garda (VR), Stazione
Beste Jahreszeit: Ganzjährig, besonders schön im Frühling und Herbst. Zwischen Juni und September früh starten und ausreichend Trinkwasser mitnehmen. In der Hochsaison viel Verkehr auf den Straßen.
Einkehrtipp: Osteria alla Torre, San Martino della Battaglia, www.osteriaallatorre.it, schönes gediegenes Restaurant gegenüber vom Turm mit herrlicher Aussicht auf das Weinanbaugebiet.
Öffentliche Verkehrsmittel: Mit der Bahn oder dem Fährschiff (www.navigazionelaghi.it) bis Peschiera, Busse transportieren keine Fahrräder.
Fahrradverleih in Peschiera: Garda South Cycling, www.italybikehub.com

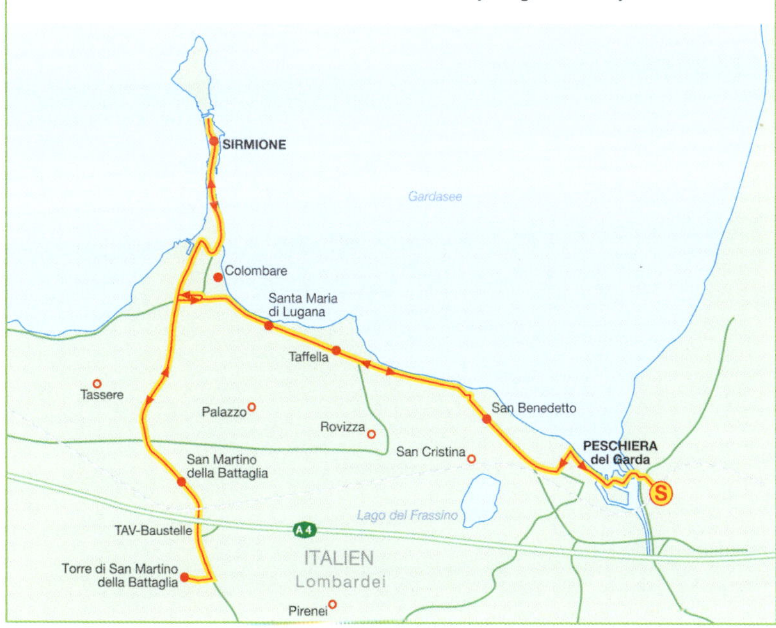

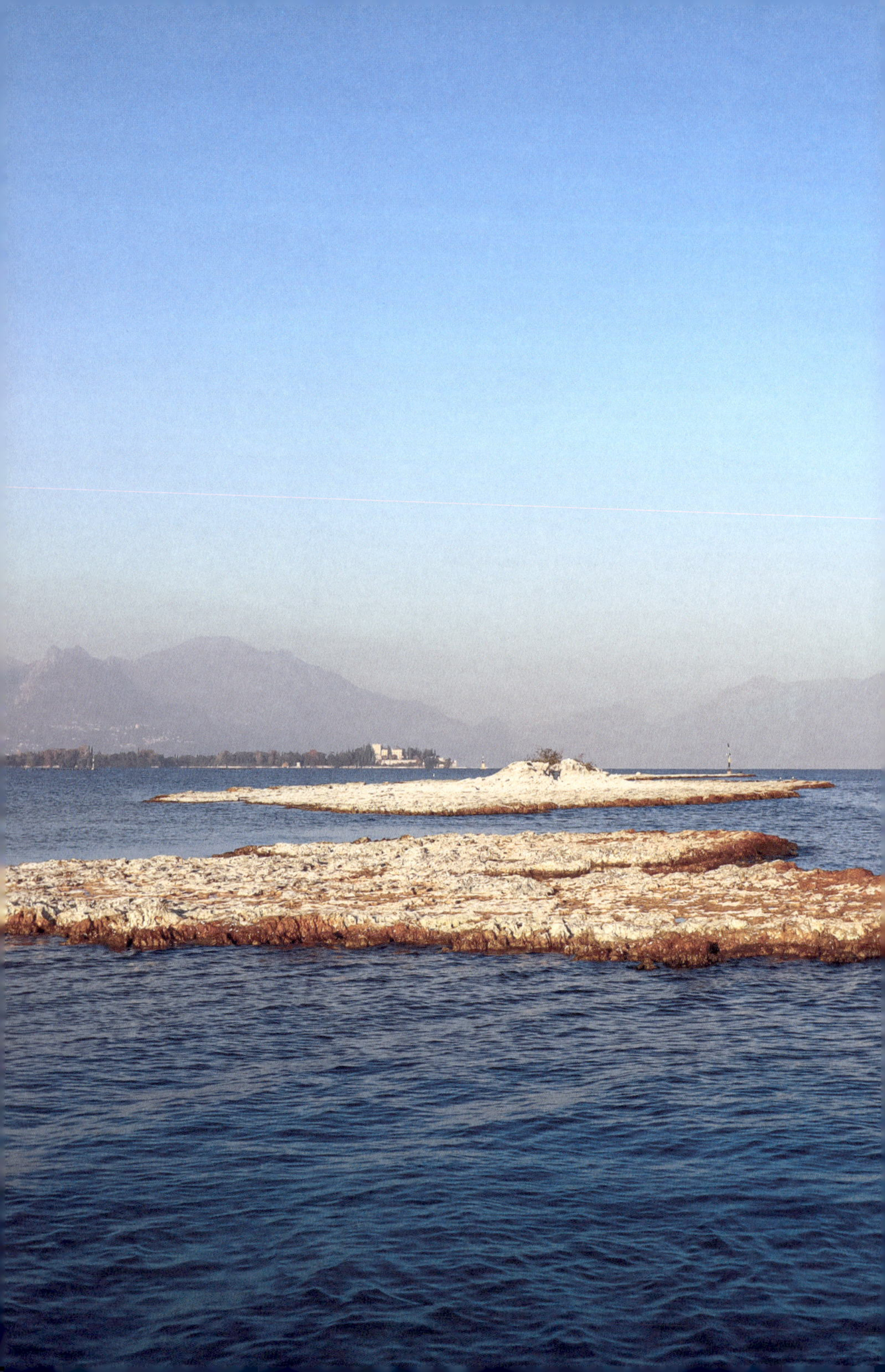

Gardasee in a nutshell

RUNDWEG IM LANDSCHAFTSSCHUTZGEBIET ROCCA E DEL SASSO

Das erste Mal stand ich am steil abfallenden Felsen der Rocca di Manerba an einem klaren Herbsttag. Nur ein paar Möwen kreischten, sonst war nichts zu hören. Die acht Orte rund um die Rocca im Südwesten des Gardasees bilden das Gemeindegebiet von Manerba. Die Gegend ist seit der mittleren Steinzeit besiedelt. Diese Tour ist eigentlich ein ausgedehnter Spaziergang. Trotzdem – man kann hier lange verweilen, durchaus einen ganzen Tag lang.

Wir beginnen die Rundwanderung am Parkplatz unterhalb des Alpini-Denkmals in **Montinelle** (121 m) und spazieren einige Meter hinauf zur Kirche San Bernardo. Dort biegen wir links ab in die Via Leutelmonte und folgen dieser und der daran anschließenden Via Rocca bis zum **Archäologiemuseum** (Museo Civico Archeologico della Valtenesi). Von dort steigen wir über einen breiten gepflasterten Weg durch die Ruinenreste und abschließend über eine Holztreppe bis zum höchsten Punkt der ehemaligen **Festung** auf.

Wir kraxeln über die alten Mauerreste zum Gipfelkreuz (206 m): Der Blick auf die Inseln San Biagio und Isola del Garda vor der grandiosen Bergkulisse des nördlichen Sees ist beeindruckend.

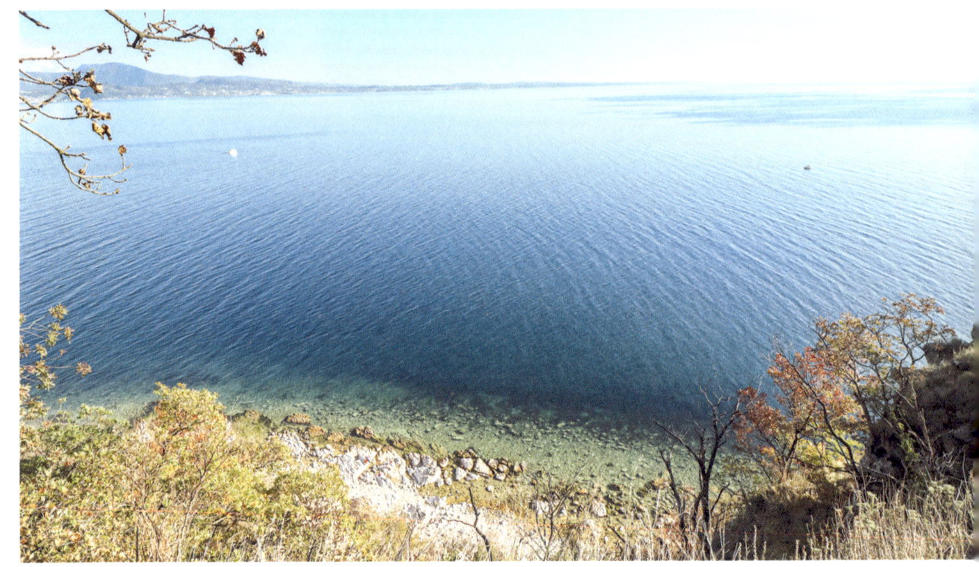

RAUSCH DER TIEFE

Vor Manerba liegt eine höchst beeindruckende Tauchstelle. Die Felswand des *Scoglio dell'Altare* führt bis zu 150 Meter in die Tiefe und ist bekannt für ihre gelben Schwämme sowie eine Höhle voller Barsche, Hechte, Schleien, Aale und Ukeleien.

Nach einer ausgiebigen Rast steigen wir den steilen und etwas ausgesetzten Weg an der Nordostseite hinunter. Insbesondere wegen dieses kurzen Abschnitts ist es absolut empfehlenswert, gutes Schuhwerk zu tragen. Der Weg führt in den Wald zu einer Kreuzung (Infotafel mit Wanderkarte). Wir folgen dem Weg, der geradeaus zum Aussichtspunkt **Punta Sasso** (155 m) führt. Am Rande dieser archaischen Landschaft direkt an den Steilklippen genießen wir eine Wahnsinns-Aussicht.

Wir wandern über einen spektakulären Pfad weiter in südöstliche Richtung, ein verwittertes Schild weist auf den kleinen Weiher (Büs de la Paül) hin. Vorbei alten Gemäuern wandert man auf dem schmalen Pfad, oberhalb der Klippen, oder etwas rechts davon über den breiteren Weg bis zum Hafen, dem Porto di Dusano. Von den gemütlichen Restaurants aus kann man das gemächliche Treiben der Menschen im Ort beobachten. Vom **Porto di Dusano** führt die Via Giosuè Carducci rechts hinauf und zurück nach **Montinelle**.

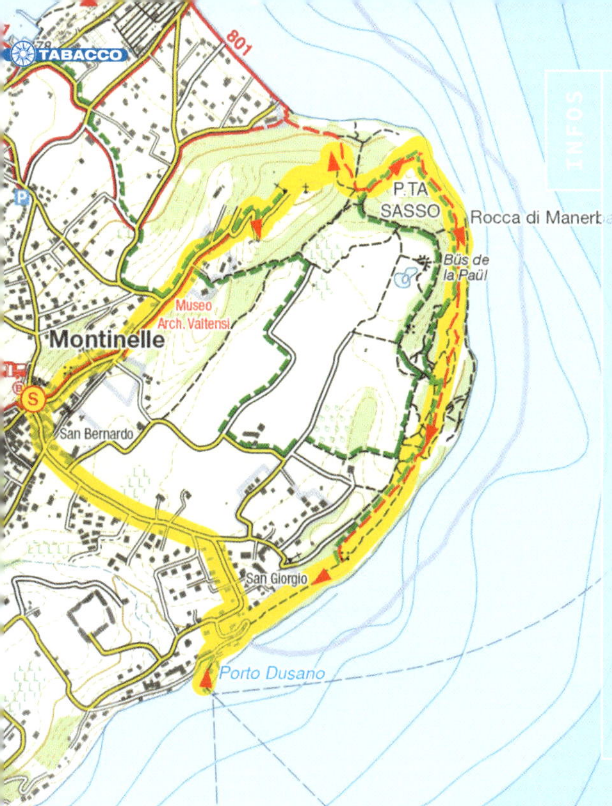

INFOS

Ausgangspunkt: Parkplatz Rocca in Solarolo/Manerba
Höhendifferenz: 141 Hm
Wegstrecke: 5,2 km
Gehzeit: 1 h 40 min
Höchster Punkt: 206 m, **tiefster Punkt:** 66 m
Navi-Adresse: 25080 Solarolo (BS), Via degli Alpini 8
Beste Jahreszeit: Ganzjährig, besonders schön im Frühling. Im Hochsommer meistens überfüllt.
Einkehrtipp: Osteria da Mari, Porto di Dusano, Tel. 0365 551236. Meine wärmste Empfehlung, hat das Potenzial, ein Sehnsuchtsort zu werden.
Öffentliche Verkehrsmittel:
Bus: LN007 Desenzano–Manerba–Salò und LN009 Portese–Manerba–Brescia, brescia.arriva.it
Boot: www.navigazionelaghi.it

Zu Fuß auf die Haseninsel

Immer wenn der Wasserstand des Gardasees aufgrund anhaltender Trockenheit oder anderer Faktoren einen kritischen Tiefstand erreicht, kann man über eine Landzunge trockenen Fußes bis zur nahen Isola di San Biagio wandern, alternativ steht ein Taxiboot zur Verfügung. Die Insel, die auch als Haseninsel (Isola dei Conigli) bekannt ist, befindet sich am Westufer nahe Porto Torchio in Manerba. Es gibt hier tatsächlich viele wild lebende Hasen, die sich an die Anwesenheit von Menschen gewöhnt haben. Auf der Insel kann man Sonnenliegen mieten und an der Bar erfrischende Getränke genießen. Das kristallklare Wasser und der atemberaubende Blick auf die Klippen von Manerba ziehen zahlreiche Touristen und Taucher an.

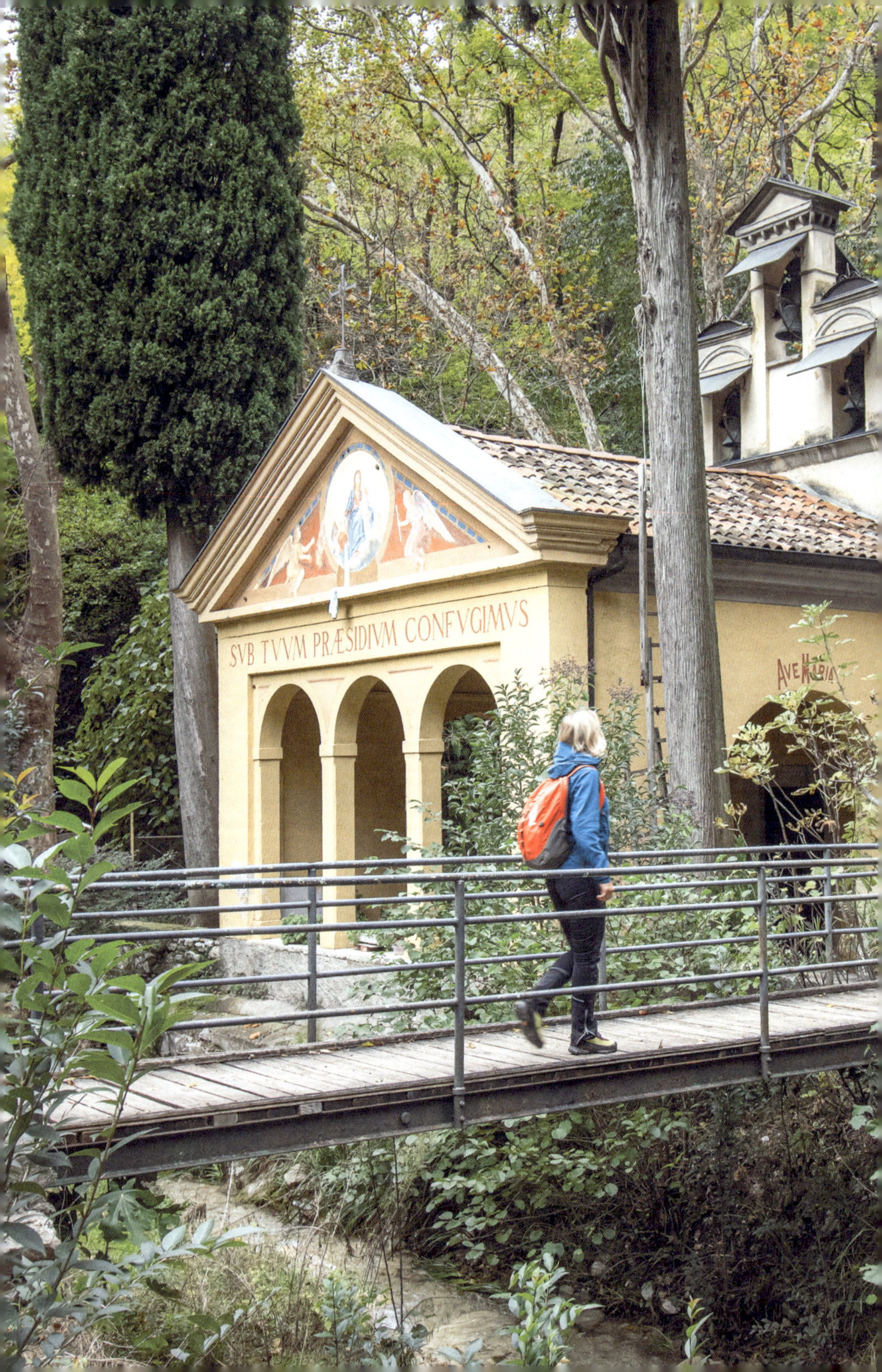
SVB TVVM PRÆSIDIVM CONFVGIMVS
AVE MARIA

Seelenruhe im Hinterland

VON RENZANO ZU DREI IDYLLISCH GELEGENEN KIRCHEN

Nördlich von Salò erstreckt sich eine bewaldete Hügellandschaft. Erschlossen ist dieses Gebiet durch alte Kirchsteige und Güterwege, die heute ein dichtes Wanderwegenetz weben. Unsere Rundwanderung führt durch die artenreiche, submediterrane Vegetation an drei schönen Wallfahrtskirchen vorbei. Immer wieder haben wir freien Blick auf die Bucht von Salò.

Ausgangspunkt ist die Kirche Santi Nazario e Celso (184 m) in **Renzano** bei Salò. Auf einem breiten Weg gelangen wir zur Wallfahrtskirche der **Madonna del Rio** (Mark. 216). Hinter der Kirche befindet sich ein schöner Wasserfall mit einer Madonnenstatue. Wir steigen rechts von der Kirche über einen Pfad (Mark 216) bergwärts und erreichen den Weiler Milordino und die Häusergruppe von Milord. Ein weiterer kurzer Anstieg auf einer Schotterstraße mit gepflasterten Abschnitten führt uns zur Wallfahrtskirche der Madonna del Buon Consiglio (523 m), dem höchsten Punkt der Wanderung. Durch einen Torbogen passieren wir das private, aber zugängliche Grundstück des Gehöfts Il Bagnolo. Wer das nicht

HELLERS GARTEN
Ein Ort der Sinnlichkeit und der Magie ist der botanische Garten der Fondazione Andrè Heller im nahen Gardone Riviera. Die schöne Anlage ist auch aufgrund der Werke namhafter Künstler bekannt. www.hellergarden.com.

möchte, bleibt auf Wanderweg Nr. 217B. Der führt an der Hofstelle vorbei zum Passo la Stacca (458 m). Dort genießen wir den Blick auf den Gardasee. Auf einer unbefestigten Straße (Mark. 217) geht es weiter, der letzte Anstieg führt uns nach **San Bartolomeo**, der dritten Wallfahrtskirche auf unserer Wanderung. Wir verlassen unsere Wanderroute und steigen über den Asphaltweg zur Kirche auf. Allein der Anblick der gepflegten Grünflächen mit Zypressen rund um das Gebäude ist den Abstecher wert.

Nachdem wir auf die Straße zurückgekehrt sind, achten wir auf die Wegschilder, die links auf den Abstieg nach Renzano hinweisen. Auch wenn die schöne Aussicht auf die Bucht von Salò fesselt!
Unterhalb der *Corna di Salò* zeigt der letzte Wegweiser nach rechts (Mark. 216B) 30 Minuten bis Renzano an. Nach etwa 200 Höhenmetern im Abstieg erreichen wir wieder unseren Ausgangspunkt in **Renzano**.

Hitlers Marionetten

An diesem Küstenabschnitt des Gardasees spielte in den letzten beiden Kriegsjahren 1943–1945 ein spezielles Kapitel der italienischen Geschichte: Im Sommer 1943 wurde das Mussolini-Regime gestürzt und der „Duce“ gefangen genommen. Nach seiner Befreiung durch deutsche Truppen gründete er am Gardasee die „Republik von Salò“, ein Versuch, als Staatschef von Hitlers Gnaden einen noch radikaleren Faschismus zu etablieren.
Die Italienische Sozialrepublik (RSI) regierte von September 1943 bis April 1945 einen Teil der von deutschen Truppen kontrollierten italienischen Gebiete.

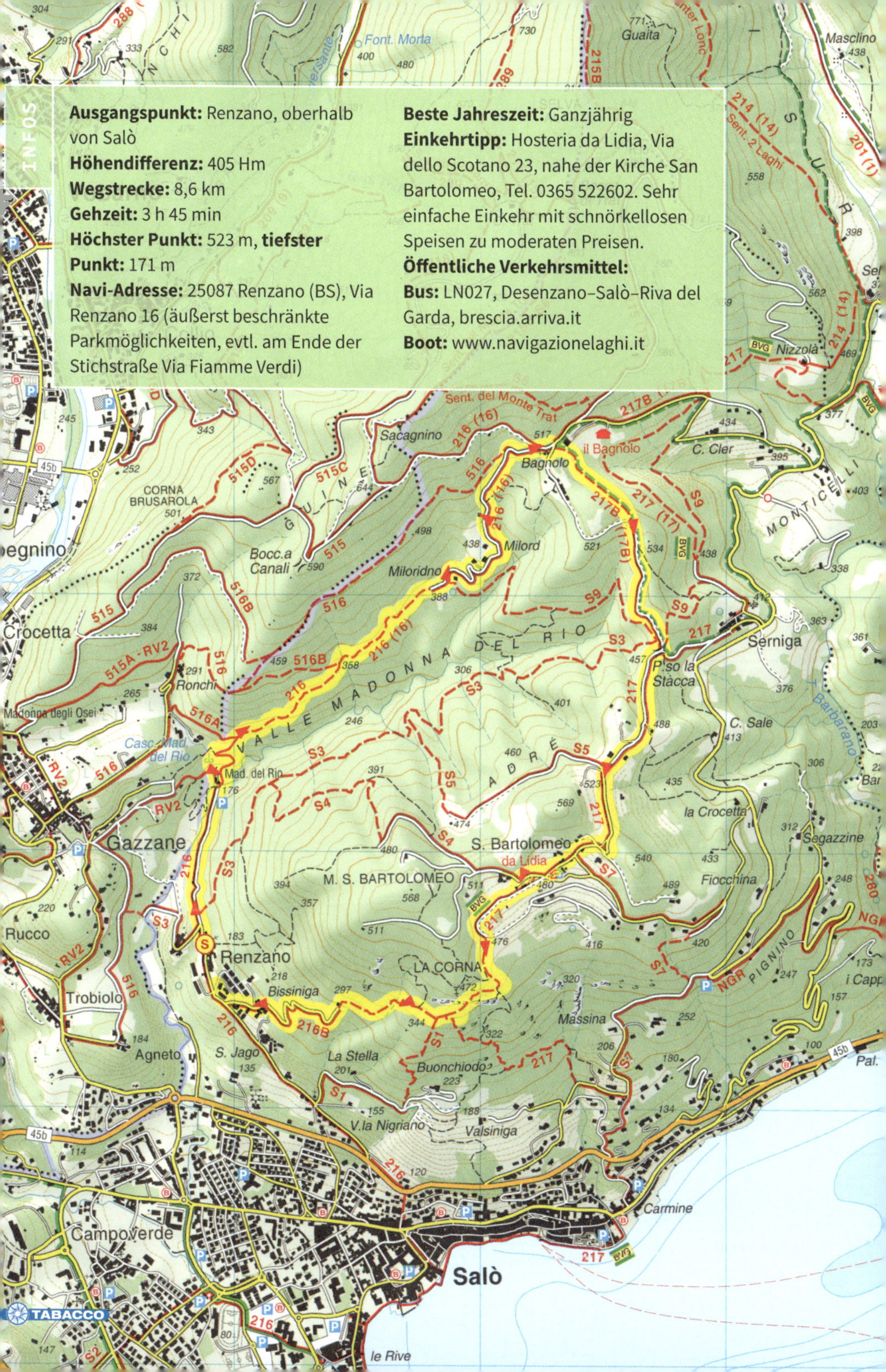
INFOS
Ausgangspunkt: Renzano, oberhalb von Salò
Höhendifferenz: 405 Hm
Wegstrecke: 8,6 km
Gehzeit: 3 h 45 min
Höchster Punkt: 523 m, tiefster Punkt: 171 m
Navi-Adresse: 25087 Renzano (BS), Via Renzano 16 (äußerst beschränkte Parkmöglichkeiten, evtl. am Ende der Stichstraße Via Fiamme Verdi)
Beste Jahreszeit: Ganzjährig
Einkehrtipp: Hosteria da Lidia, Via dello Scotano 23, nahe der Kirche San Bartolomeo, Tel. 0365 522602. Sehr einfache Einkehr mit schnörkellosen Speisen zu moderaten Preisen.
Öffentliche Verkehrsmittel:
Bus: LN027, Desenzano–Salò–Riva del Garda, brescia.arriva.it
Boot: www.navigazionelaghi.it
Font. Morta
Guaita
Masclino
Sent. del Monte Trat
Sacagnino
Bagnolo
il Bagnolo
C. Cler
MONTICELLI
Nizzolà
CORNA BRUSAROLA
GUINE
Bocc.a Canali
Milord
Miloridno
Crocetta
Ronchi
Madonna degli Osei
Casc. Mad. del Rio
Mad. del Rio
VALLE MADONNA DEL RIO
ADRÈ
P.so la Stacca
Serniga
C. Sale
la Crocetta
Segazzine
Gazzane
S. Bartolomeo
da Lidia
M. S. BARTOLOMEO
Fiocchina
Rucco
Renzano
LA CORNA
Bissiniga
PIGNINO
i Capp
Trobiolo
Massina
Agneto
S. Jago
La Stella
Buonchiodo
V.la Nigriano
Valsiniga
Carmine
Campoverde
Salò
le Rive
TABACCO

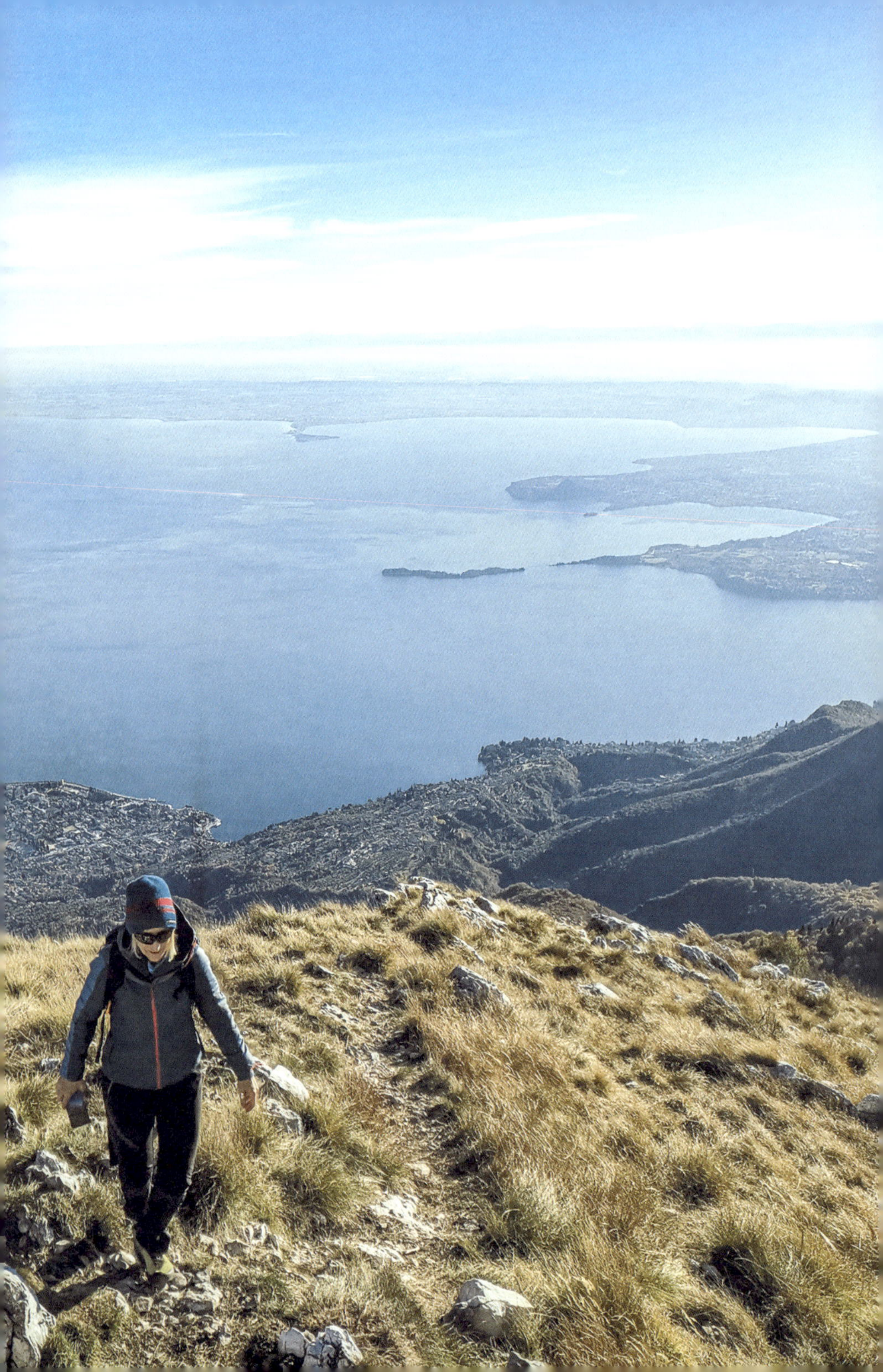

Tanz auf Napoleons Nase

VON SAN URBANO AUF DEN GIPFEL DES MONTE PIZZOCOLO

Die Rundwanderung führt auf die markanteste und höchste Erhebung im Südwesten des Gardasees, den Monte Pizzoccolo, auch „Nase Napoleons“ genannt. Vom Gipfel genießt man einen 360°-Rundblick, der von der Adamellogruppe bis zum Monte Rosa, dem Gebirgszug des Appennins und des Monte Baldo reicht. Der Gardasee liegt uns zu Füßen und sogar den Stausee von Valvestino können wir erblicken.

Die Wanderung beginnt im Ortsteil **Sanico** von Toscolano-Maderno, genauer beim Kirchlein **Sant'Urbano** (872 m). Sie führt auf dem Wanderweg Nr. 223 in nördliche Richtung. Wir überqueren den Bergrücken (Dosso del Barbio) auf der Westseite und passieren den Talschluss der Valle dei Navazzini in einem weiten Bogen. An der Kreuzung mit Weg 280A biegen wir rechts in nordöstlicher Richtung ab und überwinden den Bergrücken von Le Prade. Unser Aufstiegsweg vereint sich dort mit dem Weg Nr. 287, der linker Hand vom Passo di Spino heraufkommt. Nun geht es auf einem breiten Maultierweg bergauf, vorbei an der Wasserstelle *Sguas dele pile* (ca. 1.300 m) bis zur Weggabelung mit Weg Nr. 211. Auf dem folgenden angenehmen Streckenabschnitt (Mark. 287) errei-

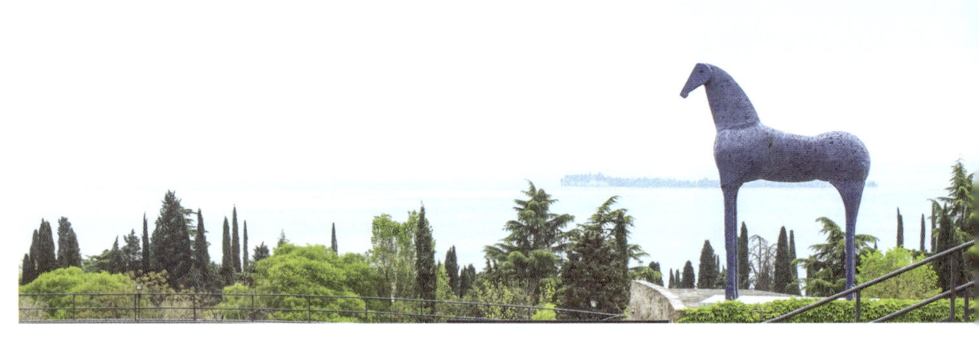

DAS *VITTORIALE DEGLI ITALIANI*
Der aufgrund seiner Nähe zum italienischen Faschismus umstrittene Dichter Gabriele D'Annunzio gestaltete das Anwesen im nahen Gardone – ein Geschenk Benito Mussolinis – gemeinsam mit dem Architekten Giancarlo Maroni zu einer eigenwilligen Selbstinszenierung, www.vittoriale.it.

chen wir zuerst das Biwak Due Aceri und schließlich den Gipfel des **Monte Pizzocolo** auf 1.581 m Höhe, dessen Silhoutte an Napoleons Geruchsorgan erinnern soll.
Für den Abstieg wandern wir ein kurzes Stück auf demselben Weg zurück und biegen dann links in den erwähnten Weg Nr. 211 ein, der hinab zur **Malga Valle** (1.393 m) führt. Wir folgen weiter dieser Markierung talwärts, bis der Weg auf etwa 1.000 m Höhe stark nach rechts in westlicher Richtung abknickt. Auf einer Strecke von etwa 1,5 Kilometern überqueren wir zwei kleinere Taleinschnitte und gelangen schließlich auf den breiten Fahrweg (Mark. 206), der uns zurück nach **Sant'Urbano** bringt.

Der *Parco Alto Garda Bresciano*

Der 1989 gegründete Naturpark erstreckt sich im Südwesten des Sees bis in das Hinterland über eine Fläche von fast 40.000 Hektar. Die Landschaft des Parks ist ebenso vielfältig wie faszinierend. Aufgrund seiner speziellen geografischen Lage, seiner geologischen Struktur und der klimatischen Einflüsse des Sees treffen wir hier auf eine besondere Flora und die Fauna. Damit ermöglicht die Region ganz unterschiedliche Naturerfahrungen zwischen See und Berg.
Die Besonderheiten des Naturparks werden im Besucherzentrum von Prabione in Tignale vermittelt. *Tel. 0365 761642.*

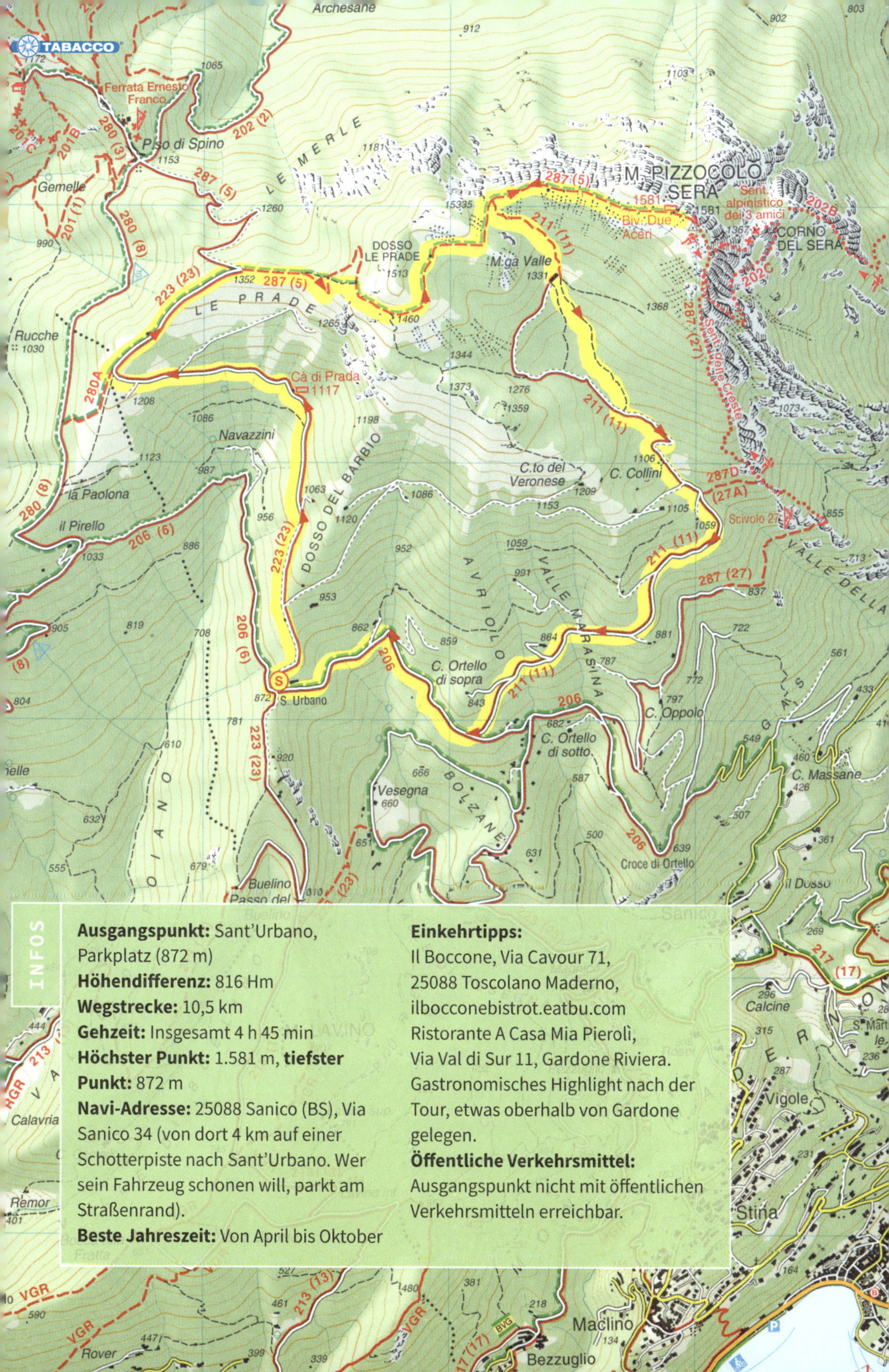

INFOS

Ausgangspunkt: Sant'Urbano, Parkplatz (872 m)
Höhendifferenz: 816 Hm
Wegstrecke: 10,5 km
Gehzeit: Insgesamt 4 h 45 min
Höchster Punkt: 1.581 m, **tiefster Punkt:** 872 m
Navi-Adresse: 25088 Sanico (BS), Via Sanico 34 (von dort 4 km auf einer Schotterpiste nach Sant'Urbano. Wer sein Fahrzeug schonen will, parkt am Straßenrand).
Beste Jahreszeit: Von April bis Oktober

Einkehrtipps:
Il Boccone, Via Cavour 71, 25088 Toscolano Maderno, ilbocconebistrot.eatbu.com
Ristorante A Casa Mia Pieroli, Via Val di Sur 11, Gardone Riviera. Gastronomisches Highlight nach der Tour, etwas oberhalb von Gardone gelegen.
Öffentliche Verkehrsmittel:
Ausgangspunkt nicht mit öffentlichen Verkehrsmitteln erreichbar.

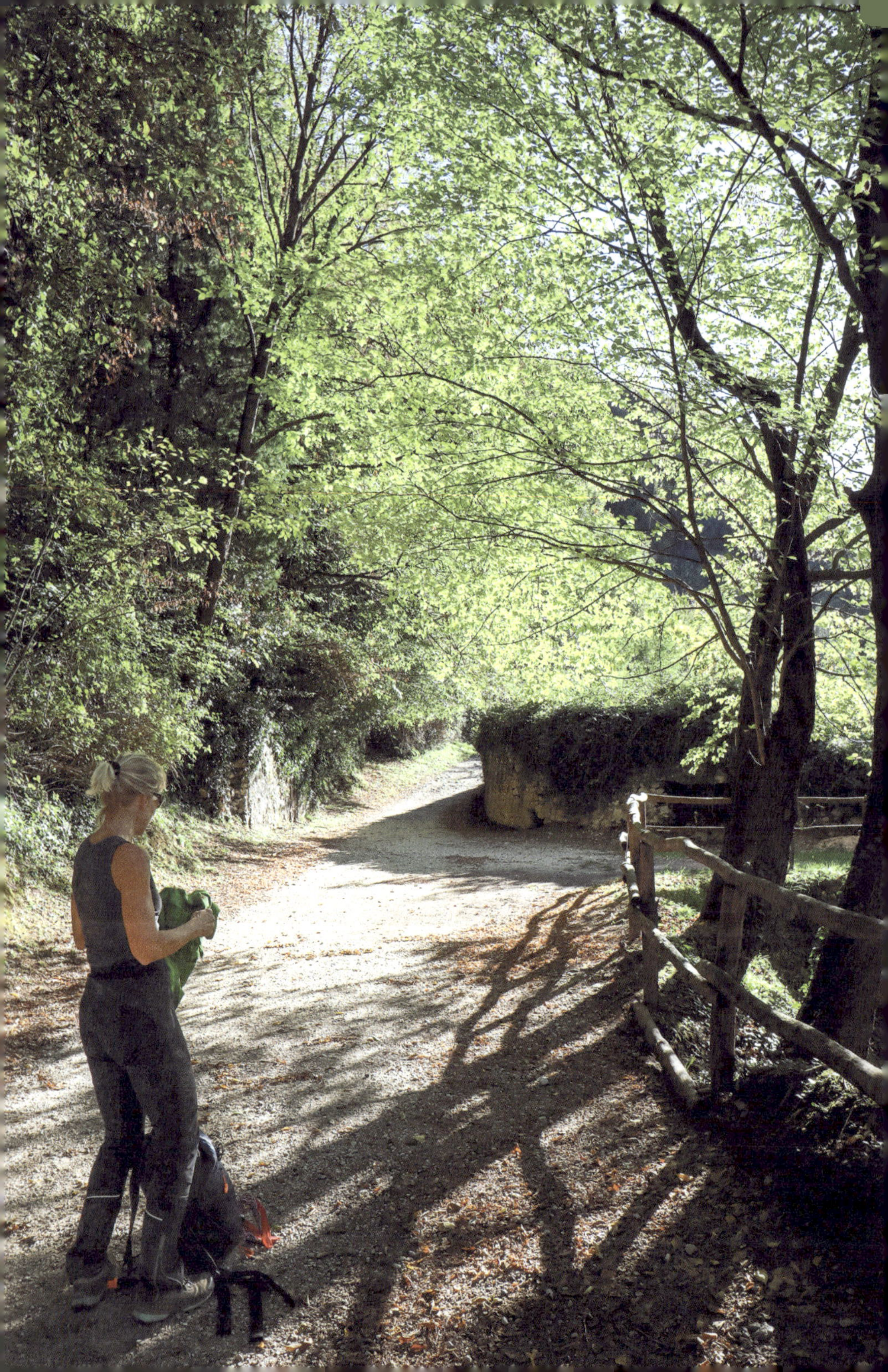

Im Tal der Papiermacher

VON TOSCOLANO MADERNO NACH GAINO

Heute präsentiert sich das Papiermühlental von Toscolano Maderno als eine malerische Schlucht, in der alte Schornsteine verlassener Papierfabriken neben schlanken Zypressen emporragen. Einst ein Zentrum für die Herstellung hochwertiger Papiere für exquisite Drucke, überwuchern nun Pflanzen die Ruinen, die heute als Freilichtmuseum dienen. Der Abstieg von Gaino mag unscheinbar sein, belohnt aber mit einzigartigen Ausblicken auf den See.

Das Papiermühlental beginnt gleich hinter dem Rathaus (Municipio) von **Toscolano** in der Via Trento. Das Sträßchen führt entlang des Bachs durch drei Tunnel. Unmittelbar nach dem dritten Tunnel befindet sich ein Parkplatz. Wir folgen weiter der Straße und passieren bald das ***Museo della Carta***, das Papiermuseum. Später wechseln wir über eine alte Steinbrücke kurz auf die andere Bachseite, wandern an den Ruinen einer Papierfabrik vorbei und erreichen eine Weggabelung. Wir biegen rechts ab, passieren die Brücke und gehen weiter taleinwärts. Hier stoßen wir linker Hand auf weitere

DAS PAPIERMUSEUM
Die ehemalige Papierfabrik von Maina Inferiore, einem Produktionskomplex, der zwischen dem 15. und 20. Jahrhundert produzierte, wurde restauriert und als Museum zugänglich gemacht.

Mauerreste einer alten Fabrik und folgen dem Wegweiser (Mark. 217) rechts hinauf nach **Gaino**. Über Serpentinen überwinden wir die Felsstufe, der steinige Pfad führt uns durch einen lichten Wald ins etwa 200 Meter höher gelegene Bergdorf. Die Wegmarkierungen leiten uns über eine Straße, von der aus wir links einen zauberhaften Blick auf den Talschluss und auf Hunderte Olivenbäume genießen, während uns rechts eine lange Mauer flankiert.

Wir biegen rechts ab und gelangen auf die Piazza in Gaino, den Ortskern des Bergdörfchens. Ein kleiner Trinkbrunnen lädt zur Rast ein. Von hier aus wandern wir in nordöstliche Richtung (Via Folino Gabiana), dann rechts in die Via Monte Suello, Via Dell'Era bis zur Via San Michele im Ortsteil Pulciano. Immer wieder eröffnen sich atemberaubende Ausblicke auf den Gardasee. In der Ferne auf dem gegenüberliegenden Ufer erblickt man die Punta San Vigilio und im Süden die Halbinsel von Sirmione. Der Abstieg führt über einige Serpentinen an hohen Mauern vorbei, bis man schließlich den Ausgangspunkt unserer Wanderung in der Ortsmitte von **Toscolano-Maderno** erreicht.

Papierindustrie am Wildbach

In einem idyllischen Setting ragt in der Valle delle Cartiere ein schlanker Schornstein zwischen den Zypressen empor, fast wie ein Zeigefinger. Heute plätschert das klare Wasser des Toscolano-Bachs friedlich dahin, weil weiter flussaufwärts eine Staumauer den Fluss für die Energieerzeugung kontrolliert. Früher tobte der Bach wild und ungezügelt durch das Tal und wurde für die Produktion von Papier genutzt: Dabei wurden in der Papiermühle Baumwoll-, Leinen- und Hanflumpen in mit Wasser gefüllten Holztrögen von kräftigen, wasserbetriebenen Stampfhämmern zerkleinert und zu Papierbrei verarbeitet. Deshalb entstanden die Papierfabriken stets entlang von Bachläufen, so auch in dieser historischen Papierregion, deren Wurzeln bis ins Jahr 1381 zurückreichen.

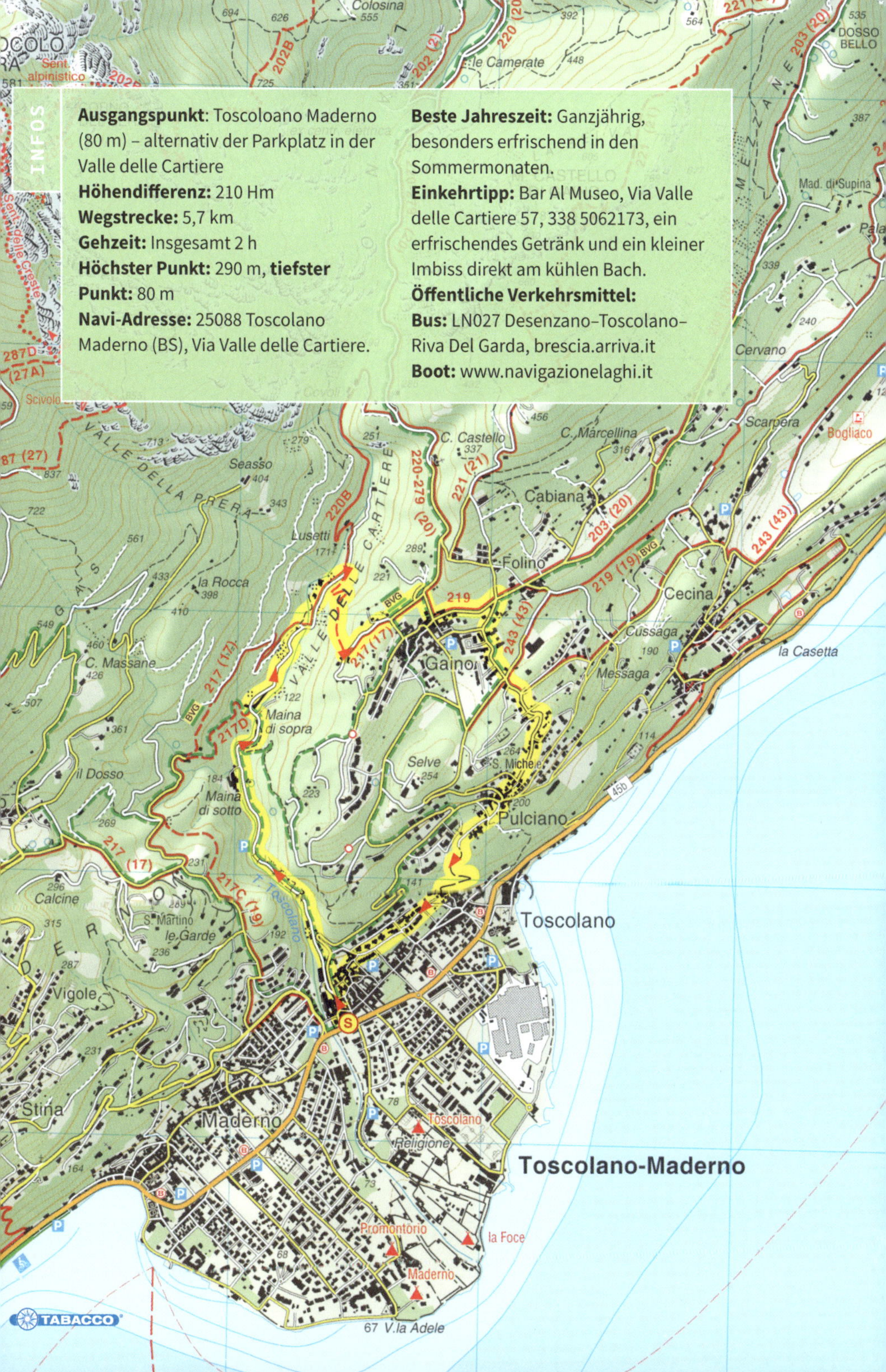

INFOS

Ausgangspunkt: Toscoloano Maderno (80 m) – alternativ der Parkplatz in der Valle delle Cartiere
Höhendifferenz: 210 Hm
Wegstrecke: 5,7 km
Gehzeit: Insgesamt 2 h
Höchster Punkt: 290 m, **tiefster Punkt:** 80 m
Navi-Adresse: 25088 Toscolano Maderno (BS), Via Valle delle Cartiere.

Beste Jahreszeit: Ganzjährig, besonders erfrischend in den Sommermonaten.
Einkehrtipp: Bar Al Museo, Via Valle delle Cartiere 57, 338 5062173, ein erfrischendes Getränk und ein kleiner Imbiss direkt am kühlen Bach.
Öffentliche Verkehrsmittel:
Bus: LN027 Desenzano–Toscolano–Riva Del Garda, brescia.arriva.it
Boot: www.navigazionelaghi.it

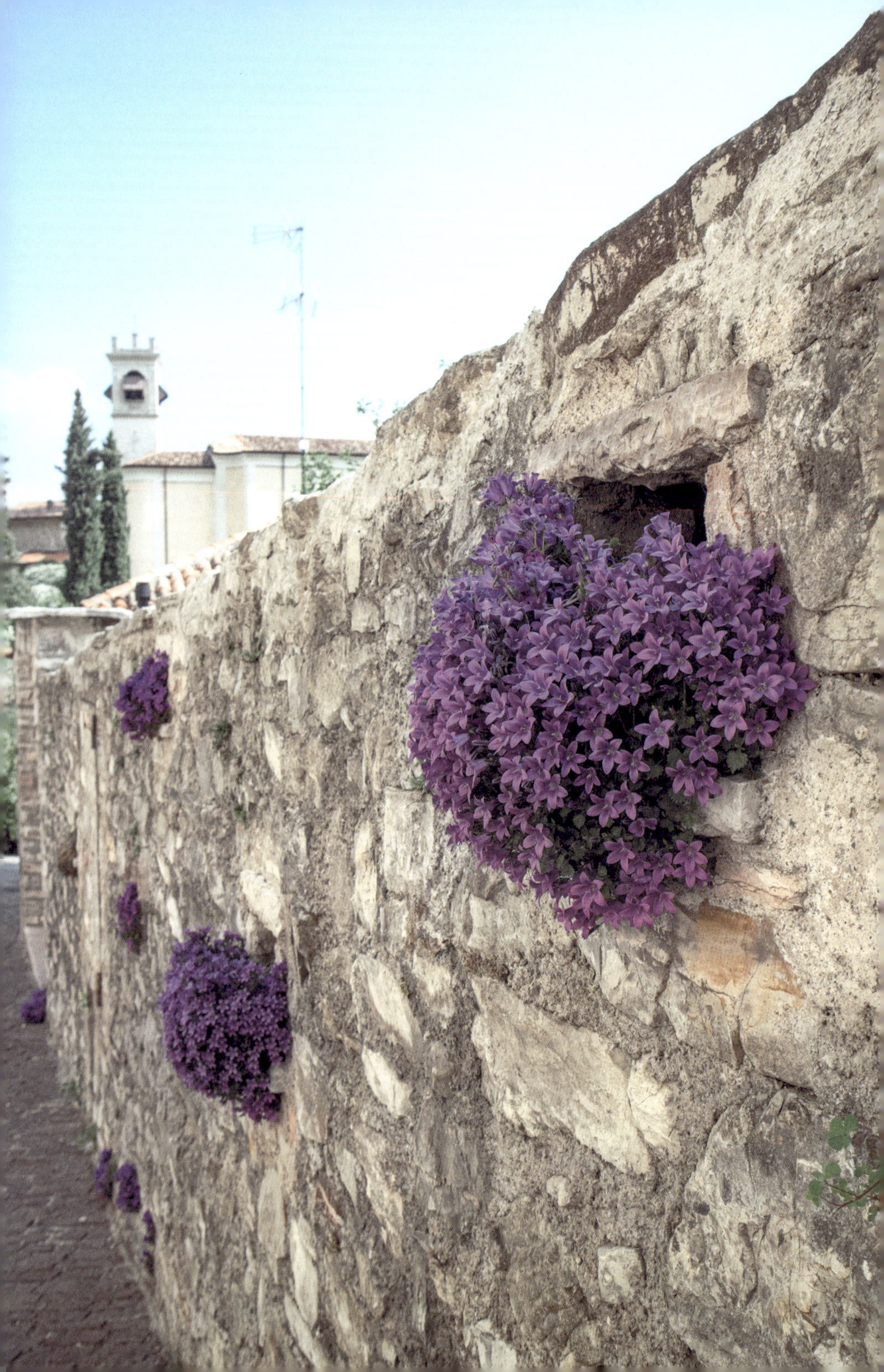

Immer diese Aussicht

VON SASSO ZUR CIMA COMER

Oberhalb von Gargnano gelegen, ist das Bergdorf Sasso in eine malerische Landschaft mit Kastanienbäumen, Eichen und Zypressen eingebettet. Während des Aufstiegs stoßen wir wiederholt auf herrliche Aussichtspunkte, die Einsiedelei von San Valentino sowie die Greifvogelwarte am Fuße des Gipfels. Von der Cima Comer aus präsentiert sich ein atemberaubendes 180°-Panorama, das sich von der Monte-Baldo-Gruppe bis zu den Bergamasker Alpen erstreckt.

Wir beginnen unsere Wanderung in den engen Gassen des Dorfes **Sasso** (540 m) und folgen den Schildern, die uns Richtung Eremo San Valentino und Cima Comer (Mark. 231) weisen. Nach Passieren des Dorfbrunnens führt uns der Weg in den Wald, bergauf zu einem ersten Aussichtspunkt auf dieser Route. Dort haben wir die Wahl: Der rechte Weg (230B) führt zunächst in ein kleines Tal, später zweigt links ein Pfad ab und endet an der hölzernen Tür der **Einsiedelei von San Valentino**. (Im November 2023 war der Weg über die Einsiedelei aufgrund von Unwetterschäden gesperrt.)

Wenn wir uns hingegen an der oben erwähnten Weggabelung links halten, umgehen wir die Route über die Einsiedelei und steigen durch einen schattigen Buschwald bergauf. Auf einer Lichtung biegen wir rechts ab, den EE-Schildern (Mark. 231) folgend,

DER GARTEN DER VILLA BETTONI

Direkt am Ufer des Sees steht in Bogliaco di Gargnano ein markanter Palast hinter dem sich das Halbrund eines sehenswerten Gartens erstreckt, der in einen weitläufigen Park übergeht, www.villabettoni.it.

die uns nach einem steilen, etwa einstündigen Aufstieg zu einer Plattform führen, von der aus wir mit etwas Glück Greifvögel beobachten können. Von dort aus ist Richtung Norden in etwa fünf Minuten das Gipfelkreuz der **Cima Comer** (1.279 m) erreicht. Der Blick von dort reicht von Malcesine über den gesamten südlichen Teil des Sees und öffnet einem das Herz.

Der Abstieg vom Gipfel verläuft über den bequemeren Weg (Mark. 232), der als Route nach „Briano – Baita degli Alpini" ausgeschildert ist. Dieser führt uns zu einer Hütte und einer asphaltierten Straße, der Via Briano, der wir kurz folgen. Dann nehmen wir erneut die linke Abzweigung, die durch eine Markierung auf einem Stein am Straßenrand gekennzeichnet ist. Dieser Pfad führt wieder zurück zu der Lichtung, von der wir zum Gipfel aufgestiegen sind. Wir halten uns also rechts, wandern durch den Wald bergab, bis wir erneut die Abzweigung zur Einsiedelei passieren und schließlich **Sasso** erreichen.

Prunkbau am See

Ein Ort zum Staunen und ein Beispiel für italienische Pracht befindet sich am Rande der kleinen Gemeinde Gargnano: Es ist die Villa Feltrinelli, heute ein Grandhotel. Das Anwesen, errichtet im neugotischen Stil, diente einst als Sommerresidenz einer der wohlhabendsten Familien Italiens. Die Familie hatte ihren Reichtum durch den Holzhandel erlangt, besaß Wälder in Kärnten und beteiligte sich an verschiedenen europäischen Eisenbahngesellschaften. Später expandierten sie ins Bankwesen und in die Textilindustrie. Einer der berühmten Nachkommen dieser Familie war Giangiacomo Feltrinelli, der später den Feltrinelli Verlag gründete und zu einer der schillerndsten Persönlichkeiten der italienischen Nachkriegszeit wurde. Die Villa ist heute das bekannteste historische Gebäude der Region. Sie wurde Ende des 19. Jahrhunderts erbaut. Die Villa liegt inmitten eines wunderschönen Parks, um den sich weitere Gebäude gruppieren, früher Unterkünfte für Hausverwalter und Landarbeiter, die sich um die Ställe und Limonaie kümmerten.

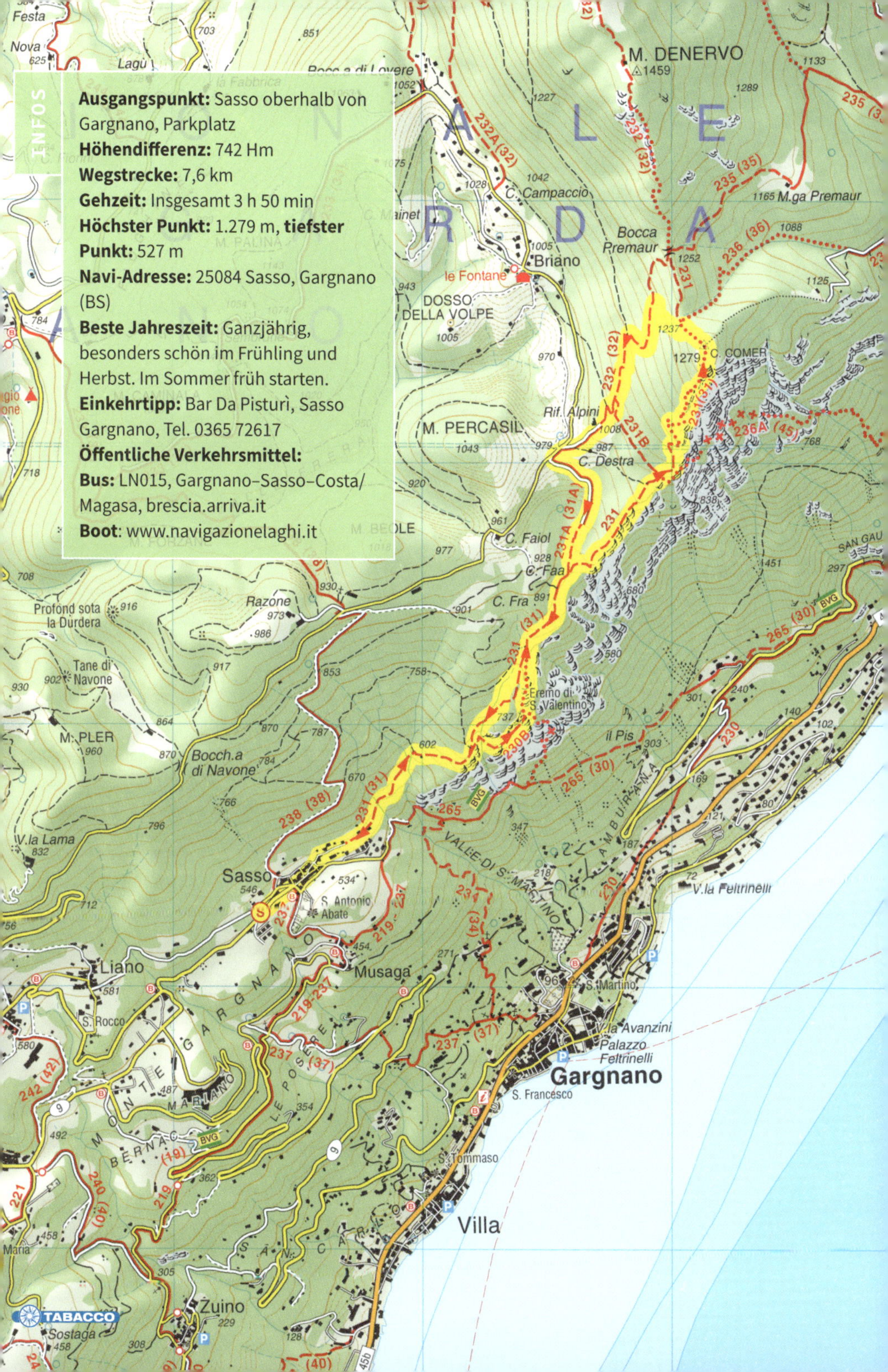

INFOS

Ausgangspunkt: Sasso oberhalb von Gargnano, Parkplatz
Höhendifferenz: 742 Hm
Wegstrecke: 7,6 km
Gehzeit: Insgesamt 3 h 50 min
Höchster Punkt: 1.279 m, **tiefster Punkt:** 527 m
Navi-Adresse: 25084 Sasso, Gargnano (BS)
Beste Jahreszeit: Ganzjährig, besonders schön im Frühling und Herbst. Im Sommer früh starten.
Einkehrtipp: Bar Da Pisturì, Sasso Gargnano, Tel. 0365 72617
Öffentliche Verkehrsmittel:
Bus: LN015, Gargnano–Sasso–Costa/Magasa, brescia.arriva.it
Boot: www.navigazionelaghi.it

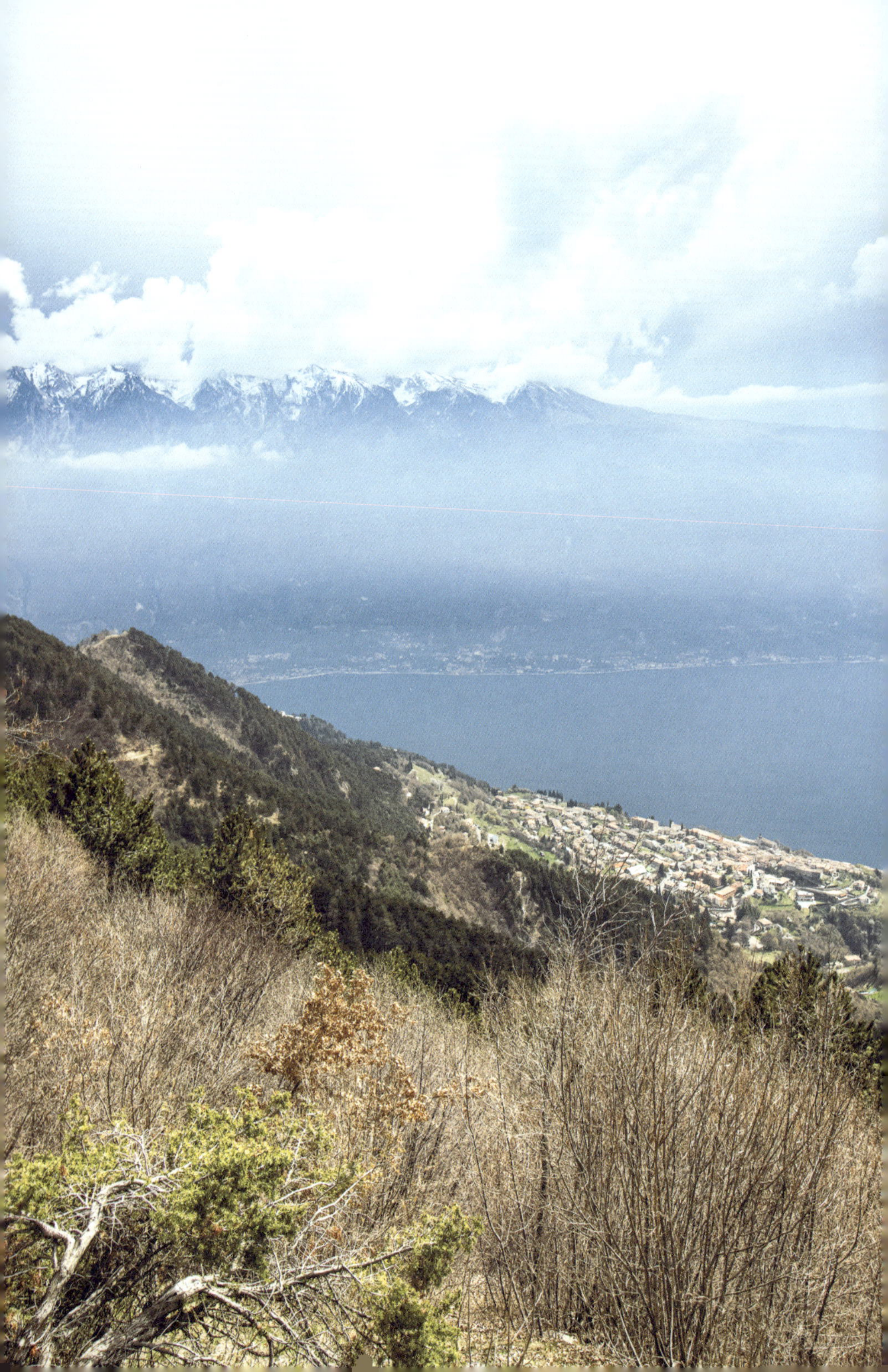

Auf Militärwegen zum Gipfel

VON OLZANO ZUR CIMA PIEMP UND CIMA TRAVAL

Die schöne Rundwanderung auf den Aussichtsgipfel Cima Piemp oberhalb von Tignale rundet das Panoramaangebot dieser Region ab. Alte Tunnel und Grotten erinnern an ein Verteidigungssystem aus dem Ersten Weltkrieg. Mit etwas Glück kann man bei der Selbstversorgerhütte der Alpini-Veteranenvereinigung, Rifugio Cima Piemp, die Gastfreundschaft der Mitglieder dieser Organisation erleben.

Ausgangspunkt unserer Rundwanderung ist die Ferienanlage La Forca in **Olzano** (720 m), in deren Nähe (Via Don Bosco) wir einen Parkplatz suchen. Zuerst folgen wir dem befestigten Weg, der später etwas schmäler wird. Nun steigen wir durch einen Pinienwald bis zu einer Kreuzung, bei der wir den Weg 256 einschlagen.

Beim Aufstieg durch den Wald kommen wir an Tunnel vorbei, die aus der Zeit des Ersten Weltkriegs stammen. Immer wieder öffnet sich ein herrlicher Blick auf den Gardasee. Wir bleiben auf demselben Weg (Mark. 256) und kommen in die Nähe eines Kreuzes namens *Cruss dei Frasegn* vorbei (kurzer Abstecher). Danach passieren wir eine Schranke und wandern auf einem Feldweg bergauf, vorbei an Schildern, die zum Rifugio (Schutzhaus) Cima Piemp weisen. Wir setzen unseren Weg fort bis zum kleinen

Sattel Dosso Piemp, an dem rechts ein Pfad zur **Cima Piemp** mit Gipfelkreuz (1.205 m) führt.

Nachdem wir am Gipfel eine Rast eingelegt haben, kehren wir zum Sattel zurück, überqueren ihn und folgen dem Schotterweg nach links zum **Schutzhaus Cima Piemp**.

Unterhalb der Hütte zweigen wir rechts ab auf Weg Nr. 253 in Richtung Dosso dell'Asino (1.194 m) und weiter zur **Cima Traval** (1.187 m). An dieser Stelle biegen wir rechts ab und folgen dem Weg Nr. 255 in östlicher Richtung, um wieder nach Olzano zu gelangen.

DIE „FORMAGELLA TREMOSINE“

Der charakteristische aromatische Kuhmilchkäse aus Tremosine ist zart mit winzigen Luftlöchern. Seine Rinde wird mit erlesenem Edelschimmel verfeinert.

Hüter alpiner Traditionen und Helfer in der Not

Die Associazione Nazionale Alpini (ANA) ist eine überparteiliche Vereinigung, die nach dem Ersten Weltkrieg in Mailand gegründet wurde. Ihr Hauptzweck ist, die alpinen Traditionen zu bewahren, die Zusammengehörigkeit der Gebirgsjäger (Alpini) zu stärken, aktive Soldaten zu unterstützen, den Umweltschutz zu fördern und sich in Freiwilligen- und Zivilschutzaktivitäten zu engagieren – sie ist also weit mehr als eine Veteranenvereinigung. 2022 verwies die ANA stolz auf eine Mitgliederzahl von über 320.000. Sie ist weltweit aktiv, mit 80 Sektionen in Italien und 30 in anderen Ländern. Die Alpini tragen einen charakteristischen „Alpini-Hut“, ein Ausdruck ihres ausgeprägten Korpsgeistes und des Stolzes auf ihre Traditionen.

Am Gardasee begegnet man immer wieder den Selbstversorgerhütten, die von den Alpini der ANA errichtet und unregelmäßig auch bewirtschaftet werden.

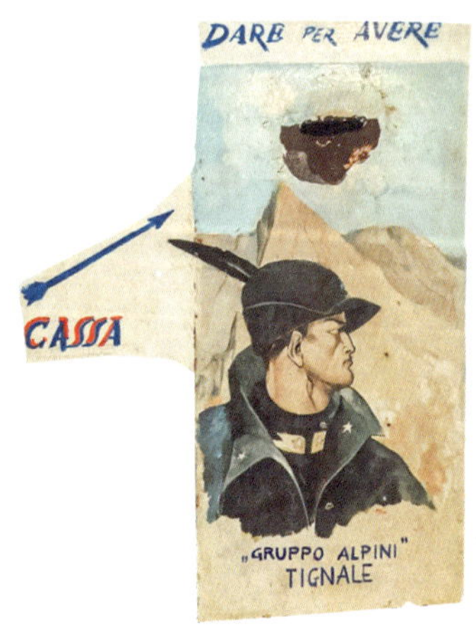

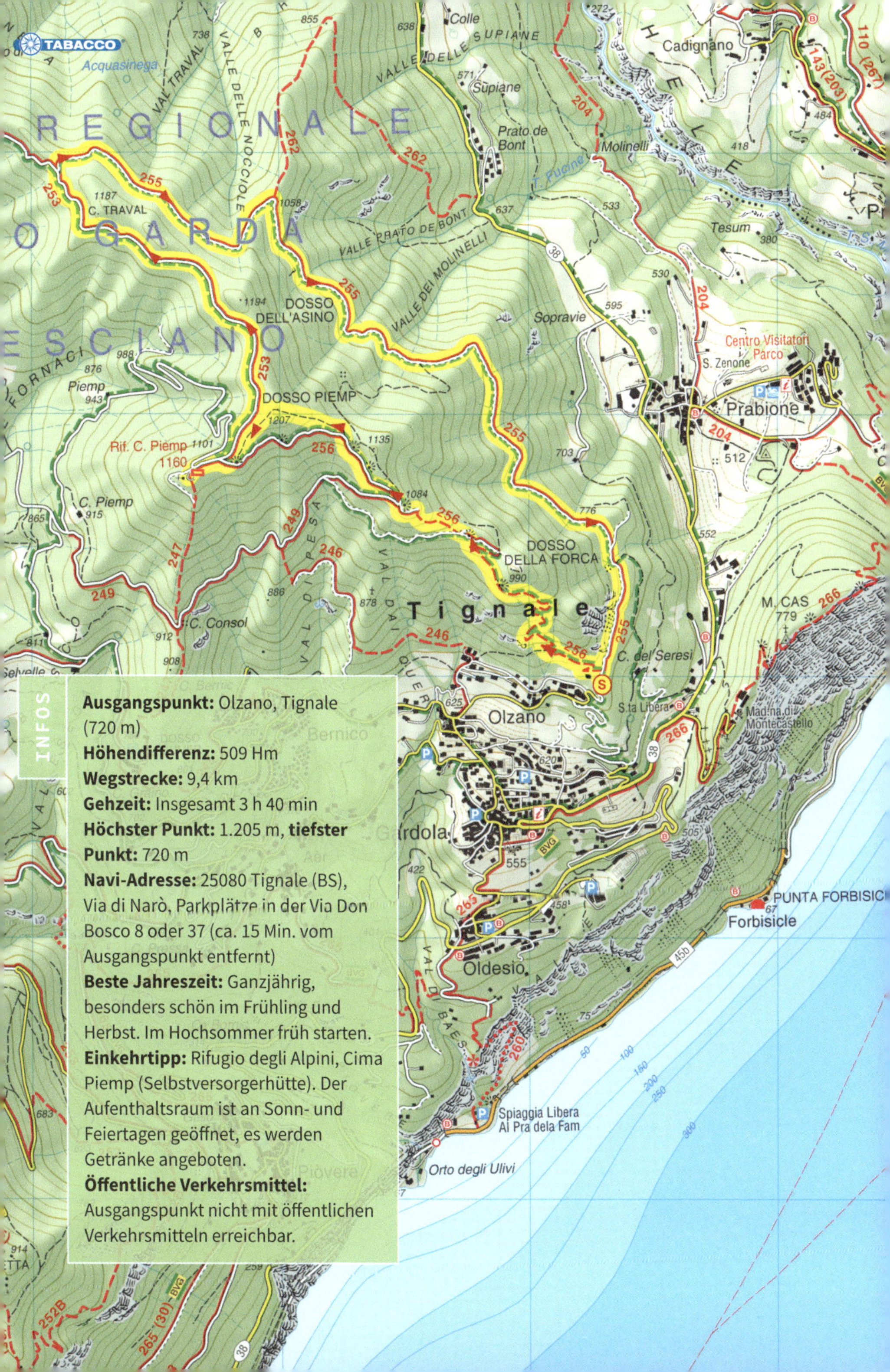

INFOS

Ausgangspunkt: Olzano, Tignale (720 m)
Höhendifferenz: 509 Hm
Wegstrecke: 9,4 km
Gehzeit: Insgesamt 3 h 40 min
Höchster Punkt: 1.205 m, **tiefster Punkt:** 720 m
Navi-Adresse: 25080 Tignale (BS), Via di Narò, Parkplätze in der Via Don Bosco 8 oder 37 (ca. 15 Min. vom Ausgangspunkt entfernt)
Beste Jahreszeit: Ganzjährig, besonders schön im Frühling und Herbst. Im Hochsommer früh starten.
Einkehrtipp: Rifugio degli Alpini, Cima Piemp (Selbstversorgerhütte). Der Aufenthaltsraum ist an Sonn- und Feiertagen geöffnet, es werden Getränke angeboten.
Öffentliche Verkehrsmittel: Ausgangspunkt nicht mit öffentlichen Verkehrsmitteln erreichbar.

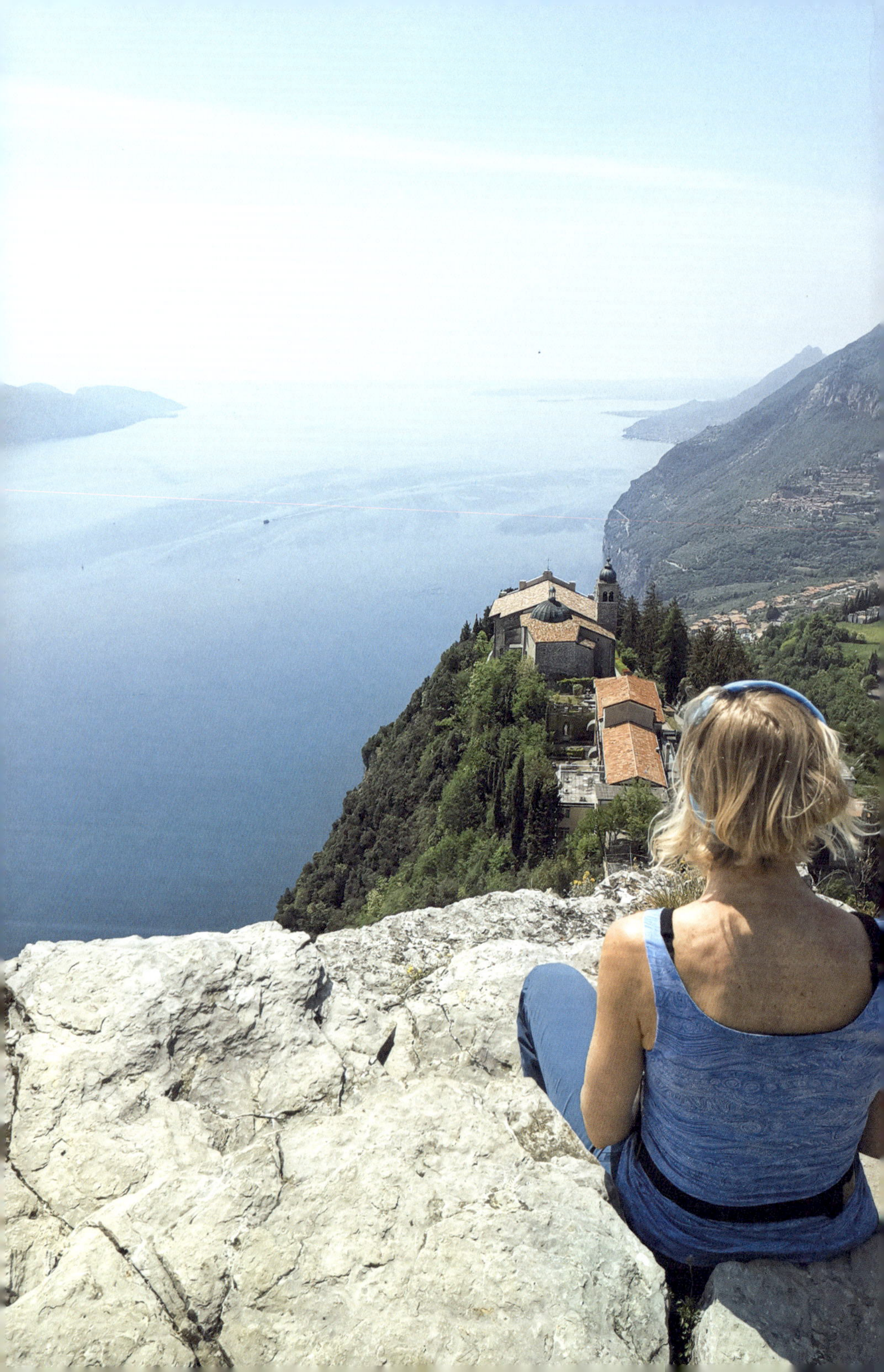

Für Gläubige und Panoramasüchtige

VON TIGNALE ZUR MADONNA DI MONTECASTELLO UND AUF DEN MONTE CASTELLO

Die Wallfahrtskirche an der Kante des Montecastello zählt zweifellos zu den beeindruckendsten Plätzen am Gardasee. Diese gepflegte Anlage ist gleichermaßen bei Gläubigen und Ausflüglern beliebt. Besonders viel los ist an der *panchina gigante,* einer überdimensionalen Sitzbank unterhalb des Klosters. Diese *panchina* soll vermutlich das Erlebnis der atemberaubenden Aussicht potenzieren.

Sobald wir den **Parkplatz** der Wallfahrtskirche erreichen, folgen wir den Schildern zum ***Santuario di Montecastello*** und gehen die asphaltierte Straße, zugleich ein Kreuzweg, hinauf zum Wallfahrtsort. Kurz vor einer Linkskehre gibt es eine kleine Abkürzung.

Neben dem Eingang des Klosters führt ein Wanderweg (Mark. 266) in Richtung des Kreuzes. Zuerst gehen wir durch die Klosteranlage und steigen dann über einen Pfad bis zu einer Linkskurve auf, bei der sich ein beeindruckender Blick auf die Kirche, das Kloster und den etwa 600 Meter tiefer gelegenen Gardasee öffnet.

SAKRALE KUNST
In der Wallfahrtskirche beeindruckt der prunkvolle Altar mit vergoldeten Säulen und Figuren der Heiligen Petrus und Paulus sowie die wertvollen Fresken. Das Votivbild aus der Schule Giottos zeigt die Krönung Marias.

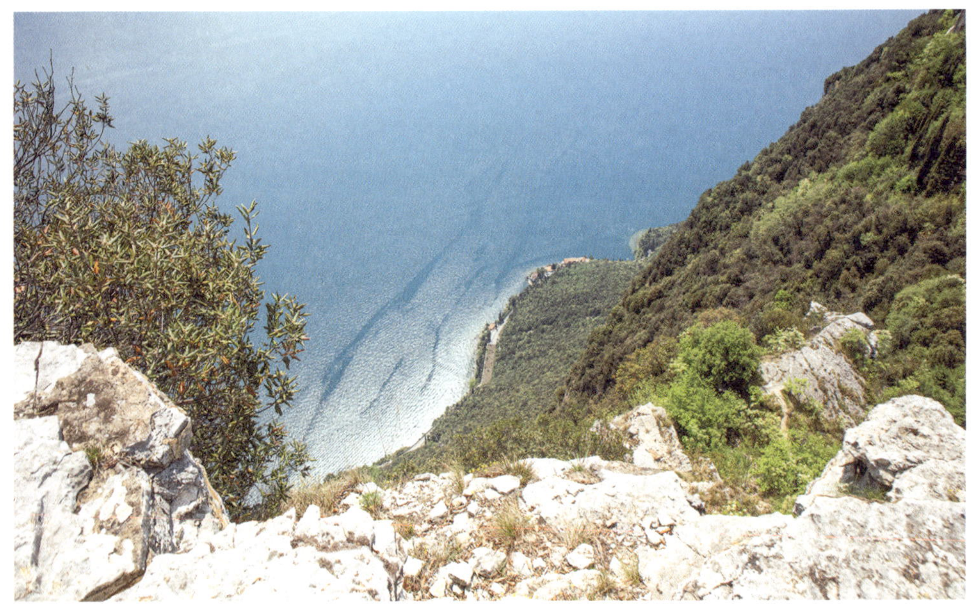

Das ist vermutlich der beliebteste Fotopoint auf unserer Route.

Wir setzen die Wanderung (weiterhin Mark. 266) in nördliche Richtung fort. Der Pfad verläuft entlang des Kamms, mal rechts, mal links, und passiert einige Überreste aus Kriegszeiten. Wir gehen unterhalb des Gipfels des **Monte Castello** entlang und kommen zu einer Abzweigung, die links zum Kreuz führt. Allerdings ist dieser Ort im Vergleich zu anderen Aussichtspunkten weniger spektakulär.

Wir kehren auf demselben Pfad zurück zum Weg 266 und folgen ihm weiter nach Norden, bis wir die Aussichtsplattform mit Blick Richtung Tremosine erreichen. Hier wechselt der Verlauf der Route nach links (Westen). An der nächsten Weggabelung verlassen wir den Weg 266, biegen links ab (Wanderweg Tignale-Gardola) und setzen die Wanderung in westliche Richtung fort. Der Weg führt uns holprig bergab zu einer weiteren (leider nicht beschilderten) Verzweigung. Dort biegen wir rechts ab und folgen dem breiten Weg bis zur Straße. Dann gehen wir links, passieren einen Rastplatz und folgen der Straße etwa 5 Minuten, bis wir wieder am **Ausgangspunkt** ankommen.

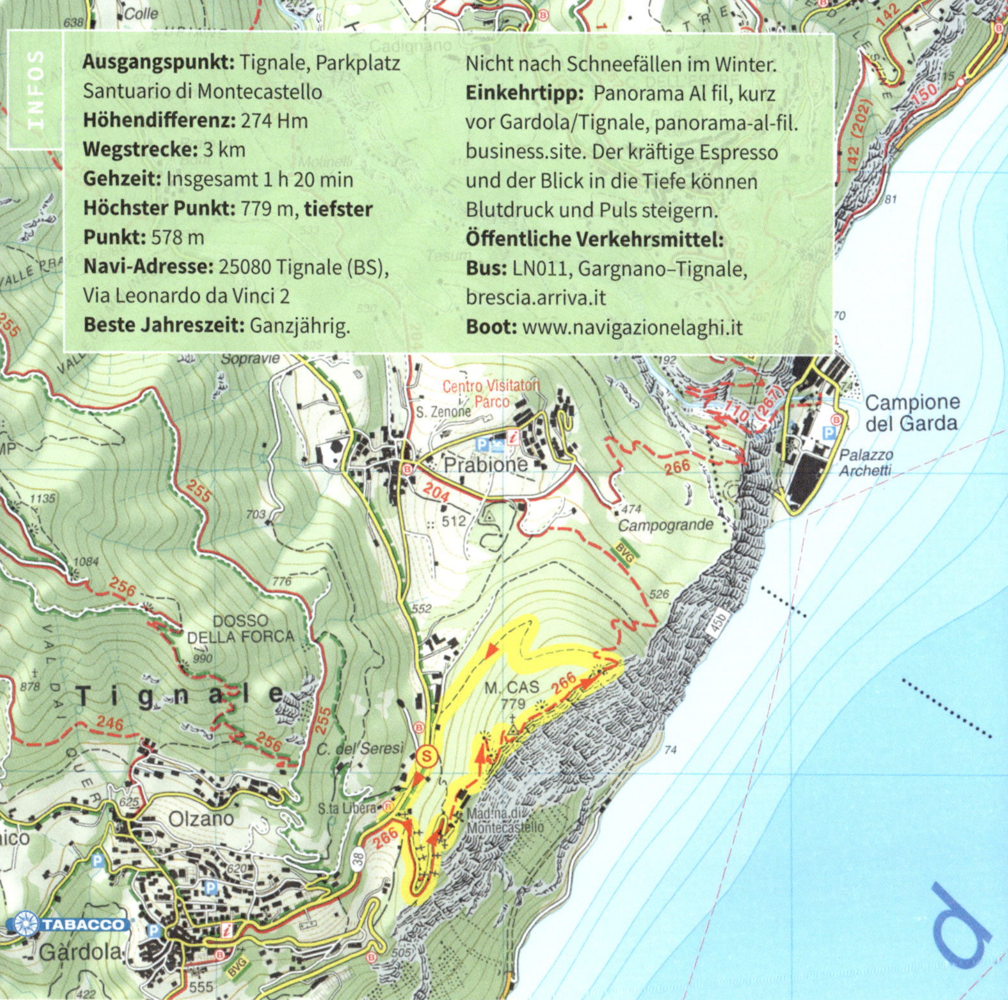

INFOS

Ausgangspunkt: Tignale, Parkplatz Santuario di Montecastello
Höhendifferenz: 274 Hm
Wegstrecke: 3 km
Gehzeit: Insgesamt 1 h 20 min
Höchster Punkt: 779 m, **tiefster Punkt:** 578 m
Navi-Adresse: 25080 Tignale (BS), Via Leonardo da Vinci 2
Beste Jahreszeit: Ganzjährig. Nicht nach Schneefällen im Winter.
Einkehrtipp: Panorama Al fil, kurz vor Gardola/Tignale, panorama-al-fil.business.site. Der kräftige Espresso und der Blick in die Tiefe können Blutdruck und Puls steigern.
Öffentliche Verkehrsmittel:
Bus: LN011, Gargnano–Tignale, brescia.arriva.it
Boot: www.navigazionelaghi.it

Monte Castello und der Stern von Tignale

Es gibt bestimmte Orte, die ich immer wieder gerne besuche, und einer davon ist die Madonna di Monte Castello. Die imposante Kulisse und der atemberaubende Panoramablick auf den südlichen Gardasee von den Felsen oberhalb der Wallfahrtskirche beeindrucken mich immer wieder aufs Neue. Ursprünglich wurde die Kirche auf den Ruinen eines antiken Tempels errichtet und später zu einer Burg umgebaut. Im Inneren der Kirche befindet sich die Casa Santa, ein kleiner Tempel von historischer Bedeutung, der den Besuchern einen Einblick in die religiösen Wurzeln der Region vermittelt.

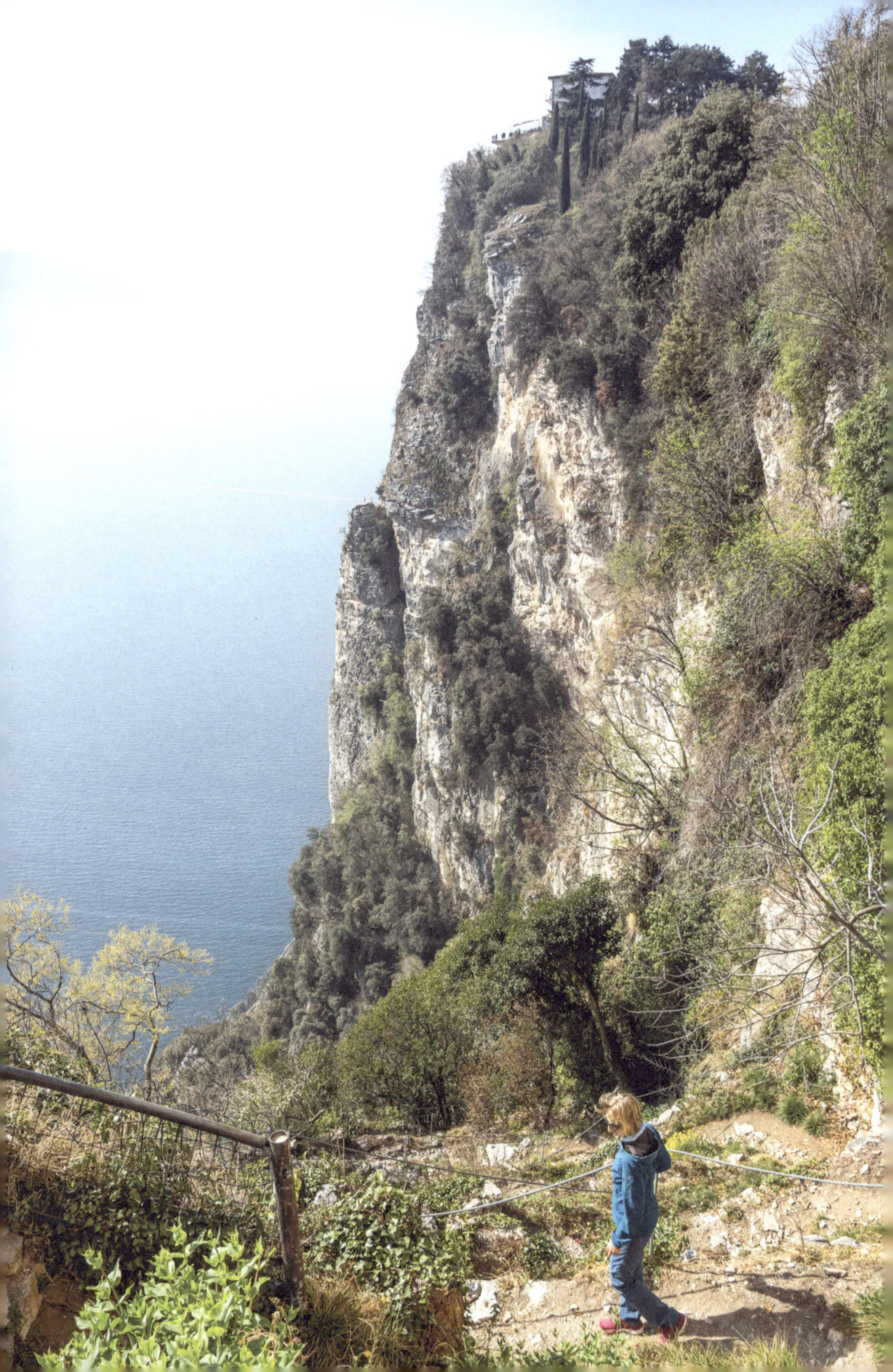

Gänsehaut à la carte

VON CAMPIONE NACH PIEVE

Ein außergewöhnlicher Ort am Seeufer, Relikte der Industrialisierung und Tiefblicke von „Schauder-Terrassen" sind die Zutaten dieser Rundwanderung. Vom Seeufer führt einer der Maultierpfade, die vor Fertigstellung der Uferstraße 1931 die Dörfer am Berg mit den Bootsanlegestellen am See verbunden haben, auf die Hochebene von Tremosine. Der Hauptort Pieve klebt direkt an der Felskante der steil abfallenden Wände.

Vom Parkplatz nahe der Kirche in **Campione** gehen wir zum Hauptplatz, Piazza Francesco Arrighini. Dort folgen wir der Beschilderung „Pregasio". Über Stufen (Mark. 110, ex Mark. 267) steigen wir zu einem langen Fußgängertunnel empor und gehen hindurch. Nach dem Wasserspeicher beginnt der eigentliche Aufstieg. Der Weg ist an manchen Stellen sehr schmal und ausgesetzt. Dichtes Buschwerk versperrt den Blick in die Tiefe, was auch sein Gutes hat, man sollte sich hier auf den Pfad konzentrieren. Nach einer knappen Stunde und vielen Stufen, Serpentinen und Bändern ist der obere Teil der Schlucht erreicht. Nun können wir aufatmen und den Blick auf den See genießen. Endlich!

Ein befestigter Betonweg zieht sich weiter den Berg bis nach Lò (478 m) hinauf. Wir folgen Weg 202 in Richtung Pieve. Unübersehbar ist die Tafel: „Terrazza del Brivido" (Schauderterrasse) beim

„EIN QUANTUM TROST“
Ganz in der Nähe, auf der Strada della Forra (SP38) mit ihren spektakulären Haarnadelkurven wurde 2008 James Bonds legendäre Verfolgungsjagd mit dem Austin Martin gedreht.

Hotel Paradiso. Der Tiefblick raubt uns den Atem – 300 Meter Luft unter den Füßen! An schönen Sonnentagen bewegt die Thermik die Seeluft in die Höhe und verstärkt das Gefühl der Schwerelosigkeit.

Nun geht es leicht rechts in den schönen Ortskern von Pieve di Tremosine hinein. Auch beim Hotel Miralago gibt es eine exponierte Terrasse, wir holen uns noch einmal wohligen Nervenkitzel. Von dort treten wir den Rückweg zum alten Hafen an (Weg 141, ex 201, „ex Porto“).

Der Weg ist zwar eine Belastungsprobe für Knie und Oberschenkel, aber weil wir uns vergegenwärtigen, dass die Menschen früher über diesen Weg sämtliche Waren in die Dörfer der Tremosine geschleppt haben (rauf und runter, barfuß oder mit genagelten Schuhsohlen!), wollen wir in unserer Outdoor-Bekleidung nicht jammern. Nach etwa 30 Minuten erreichen wir die alte Straße, halten uns rechts und folgen ihr. Kurz geht es auf der neuen Straße weiter, wir biegen rechts ab und kehren auf einem Schotterweg nach **Campione** zurück.

„Lost Place“ und Surferparadies

Würden die Orte am Gardasee sich bei einem Schönheitswettbewerb messen, würde Campione gewiss nicht im Spitzenfeld landen. Ich aber liebe den verwegenen Charme des Ortes, vielleicht weil ich „Lost Places“ mag.

Bis in die 1930er-Jahre war Campione nur über den Seeweg erreichbar und bestand vorwiegend aus der Baumwollspinnerei und der Arbeitersiedlung, Davon geblieben ist nur eine riesige Industrieruine hinter rostigem Bauzaun. Vom erfolglosen Wiederbelebungsversuch 2006 durch ein ehrgeiziges Tourismusprojekt zeugen verblasste Werbetafeln.

Wiederentdeckt wurde der windige Ort von bunt gekleideten Surfern und Kitesurfern, denn auf die *Ora*, den Gardaseewind, der pünktlich gegen 15 Uhr um die Ohren pfeift, ist Verlass. Unzuverlässig ist hingegen die Stabilität der Felswände, vor einigen Jahren haben herabstürzende Felsbrocken ein neu errichtetes Kavernenparkhaus unbrauchbar gemacht.

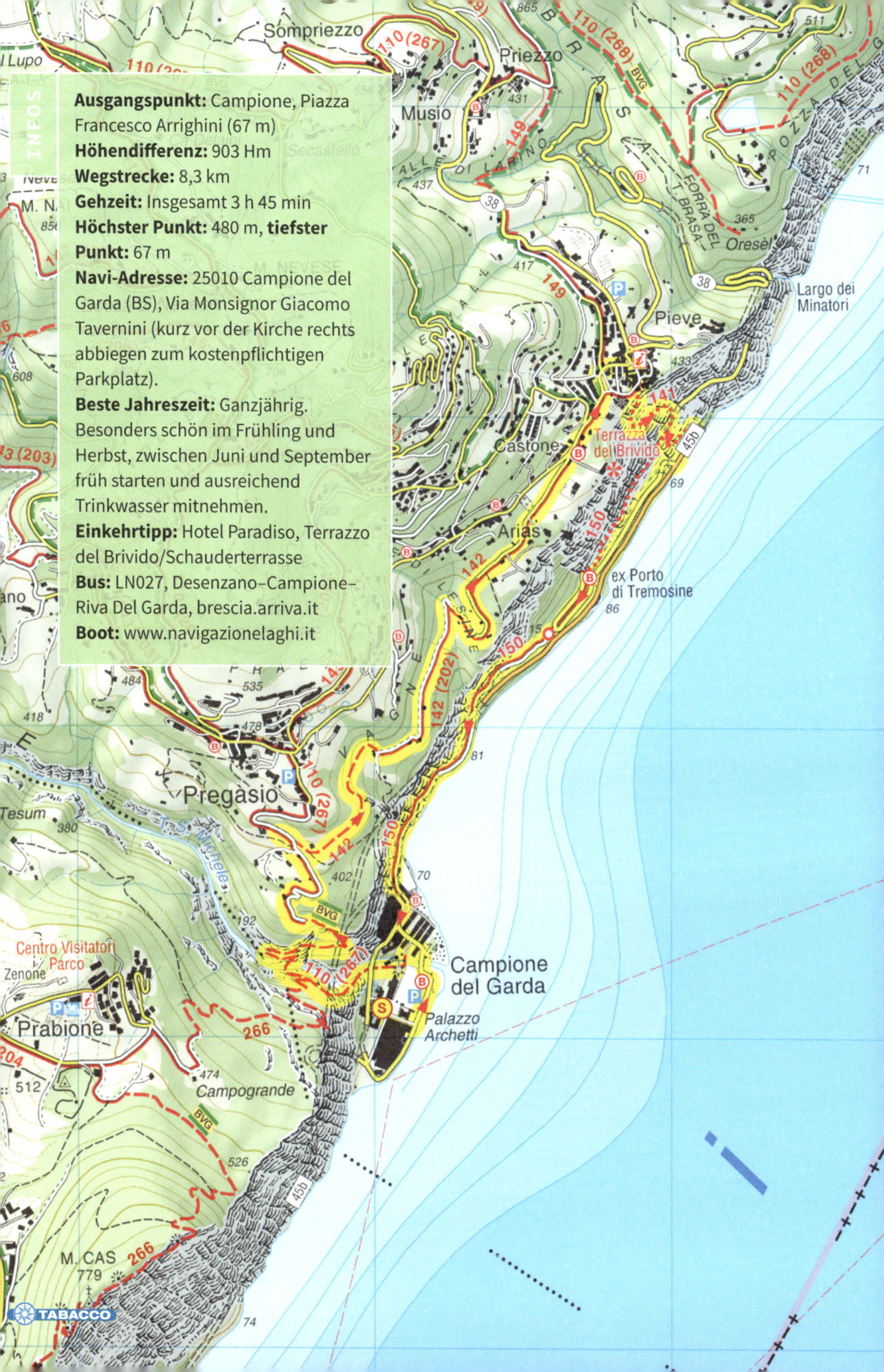

INFOS

Ausgangspunkt: Campione, Piazza Francesco Arrighini (67 m)
Höhendifferenz: 903 Hm
Wegstrecke: 8,3 km
Gehzeit: Insgesamt 3 h 45 min
Höchster Punkt: 480 m, **tiefster Punkt:** 67 m
Navi-Adresse: 25010 Campione del Garda (BS), Via Monsignor Giacomo Tavernini (kurz vor der Kirche rechts abbiegen zum kostenpflichtigen Parkplatz).
Beste Jahreszeit: Ganzjährig. Besonders schön im Frühling und Herbst, zwischen Juni und September früh starten und ausreichend Trinkwasser mitnehmen.
Einkehrtipp: Hotel Paradiso, Terrazzo del Brivido/Schauderterrasse
Bus: LN027, Desenzano–Campione–Riva Del Garda, brescia.arriva.it
Boot: www.navigazionelaghi.it

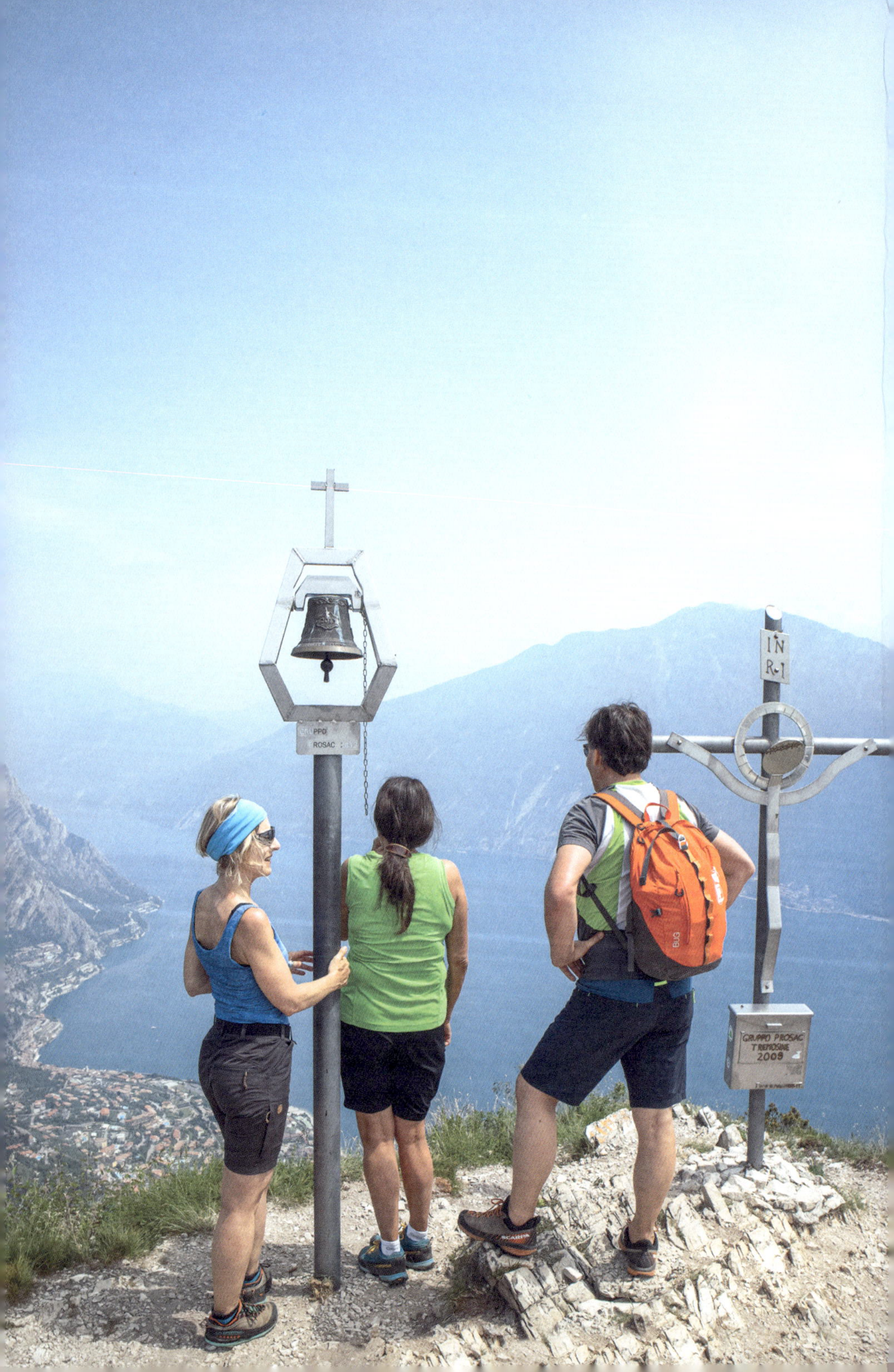
IN
RI
GRUPPO PROSAC
TREMOSINE
2009

28

Aussichtsgipfel zum Dessert

VON VOLTINO AUF DEN MONTE BESTONE

Auf dem Hausberg von Limone können Sie bei einer kurzen Wanderung einen überwältigenden Ausblick auf den Gardasee genießen. Der Rundweg zum Monte Bestone lässt sich hervorragend mit einem entspannten Badetag am Westufer des Sees oder einem Kulturtrip verbinden. Die kurze Bergtour ist auch ein ideales Ziel für all jene, die den Sonnenaufgang in den Gardaseebergen erleben möchten.

Oberhalb des Hotels Le Balze in **Voltino** führt ein schmaler Pfad (Mark. 161) über einen bewaldeten Bergrücken. Schon durch die lichten Bäume erhält man einen Vorgeschmack auf die atemberaubende Aussicht auf den See, mit der einem der Gipfel belohnt. Auf diesem Rücken zweigt ein schmaler Pfad zu einem bereits sichtbaren wunderbaren Aussichtspunkt ab, den zu besuchen unbedingt lohnt.

REKORDVERDÄCHTIG
In den 1980er-Jahren hatte Tremosine angeblich die flächenmäßig weltweit höchste Tennisplatzdichte pro Einwohner.

Nach der Rückkehr zum Hauptweg ist die Spitze des Monte Bestone bereits erkennbar. Wir folgen dem breiten Forstweg bis zu einem Sattel und setzen unseren Weg entlang des Bergrückens fort, bis wir eine Kurve am Fuße des Gipfels erreichen. Von hier

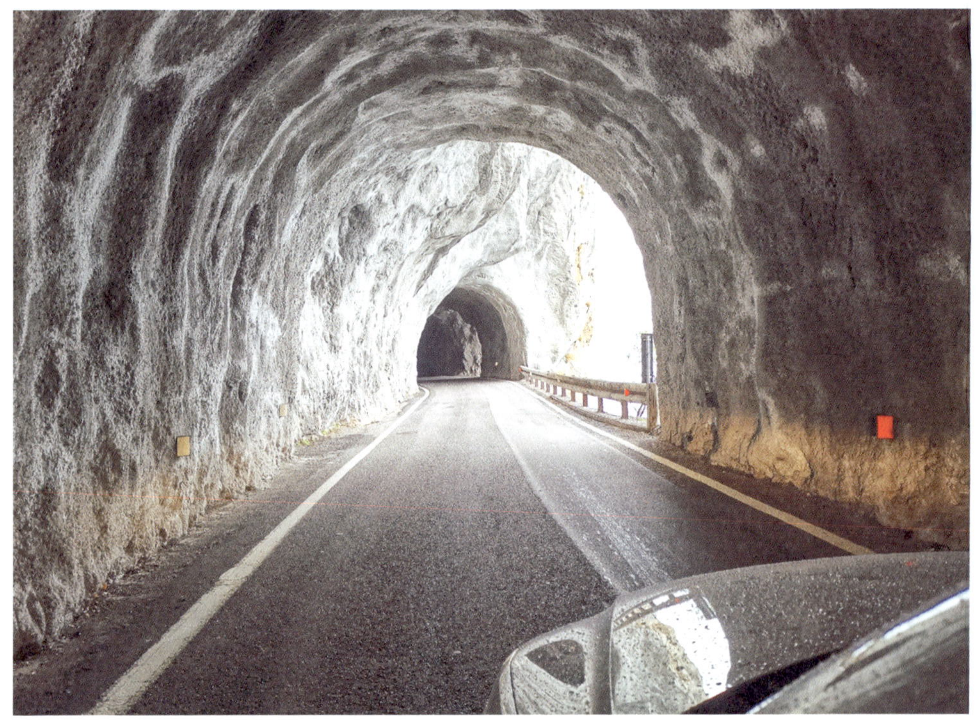

Je weiter weg, umso schöner

Auf der Hochebene von Tremosine, Hunderte Meter über dem Westufer, liegen 17 Dörfer für Menschen, die Abgeschiedenheit und Ruhe schätzen. Dieser „Balkon über dem Gardasee“ war bereits in der Steinzeit besiedelt. Nach dem Bau waghalsiger Zufahrtsstraßen wie der „Strada della Forra“ begann der touristische Aufschwung, aber auch vermehrt Zweitwohnungstourismus.

Der Blick schweift hinunter auf die verstreuten Dörfer, wo die Häuser dicht am Hang stehen und sich schmale Straßen hindurchschlängeln, häufig von Gebäuden überwölbt. Immer gibt es einen zentralen Brunnen, der im Winter als Podest für die Weihnachtskrippe dient und an dem im Sommer Teppiche gewaschen werden.

Ein Stück entfernt ist die Käserei Alpe del Garda zu sehen, die heute der größte Arbeitgeber in Tremosine ist. Die Genossenschaft verarbeitet die gesamte Kuhmilch der Umgebung. Die Menschen leben hier eng beisammen und genießen die Beschaulichkeit. Den See vermissen sie nicht, sagen zumindest die älteren Bewohner der Tremosine: „Es ist gut, dass er weit unten ist.“

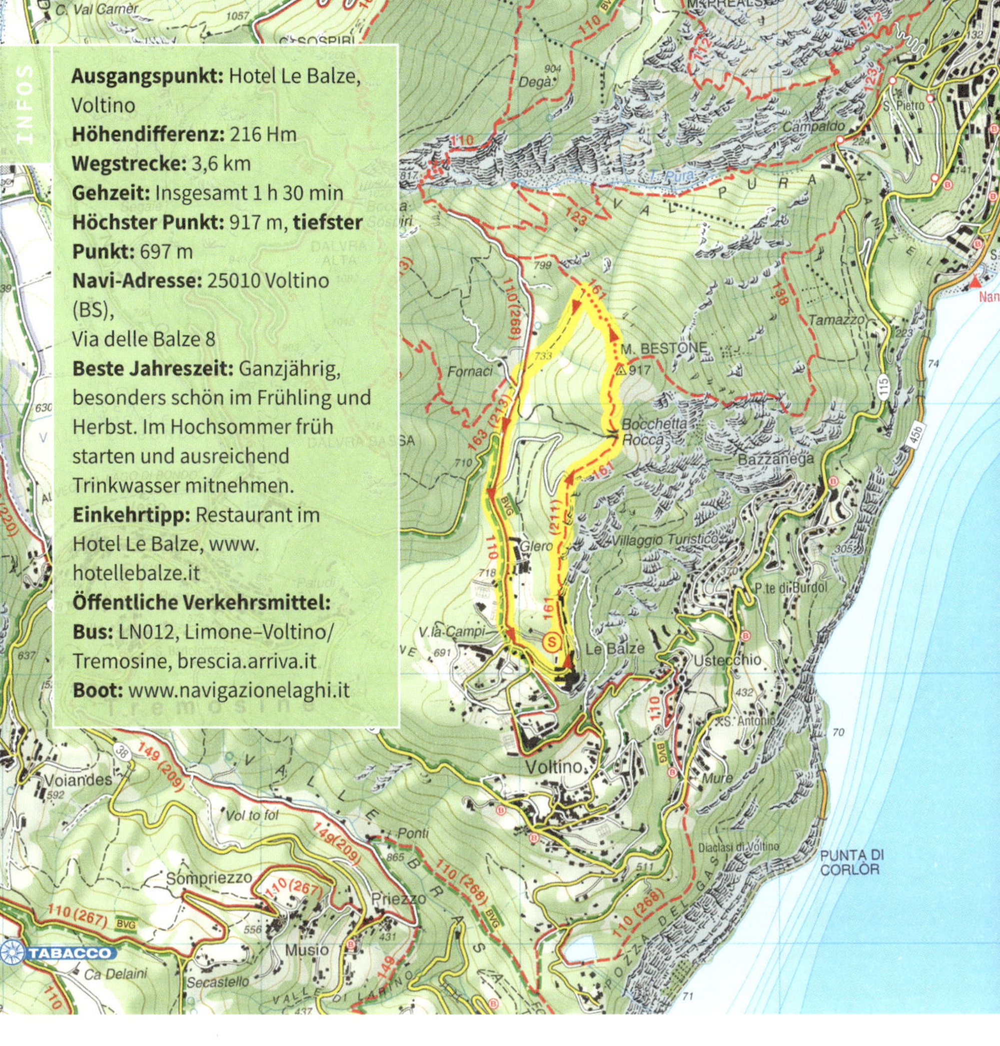

INFOS

Ausgangspunkt: Hotel Le Balze, Voltino
Höhendifferenz: 216 Hm
Wegstrecke: 3,6 km
Gehzeit: Insgesamt 1 h 30 min
Höchster Punkt: 917 m, **tiefster Punkt:** 697 m
Navi-Adresse: 25010 Voltino (BS),
Via delle Balze 8
Beste Jahreszeit: Ganzjährig, besonders schön im Frühling und Herbst. Im Hochsommer früh starten und ausreichend Trinkwasser mitnehmen.
Einkehrtipp: Restaurant im Hotel Le Balze, www.hotellebalze.it
Öffentliche Verkehrsmittel:
Bus: LN012, Limone–Voltino/Tremosine, brescia.arriva.it
Boot: www.navigazionelaghi.it

aus führt uns der Pfad über den Bergrücken zum Gipfel des **Monte Bestone**, wo wir eine Glocke, ein Kreuz und einen Tisch vorfinden.

Der Abstieg erfolgt über einen steilen Pfad an der Nordwestseite des Gipfels. Auf einer Weide biegt der Weg nach links, in südliche Richtung, ab (Mark. 110). Dieser breite Weg führt zu einem kleinen Sträßchen (Via Dalco), dem wir zurück zum Ausgangspunkt der Tour beim **Hotel Le Balze** folgen.

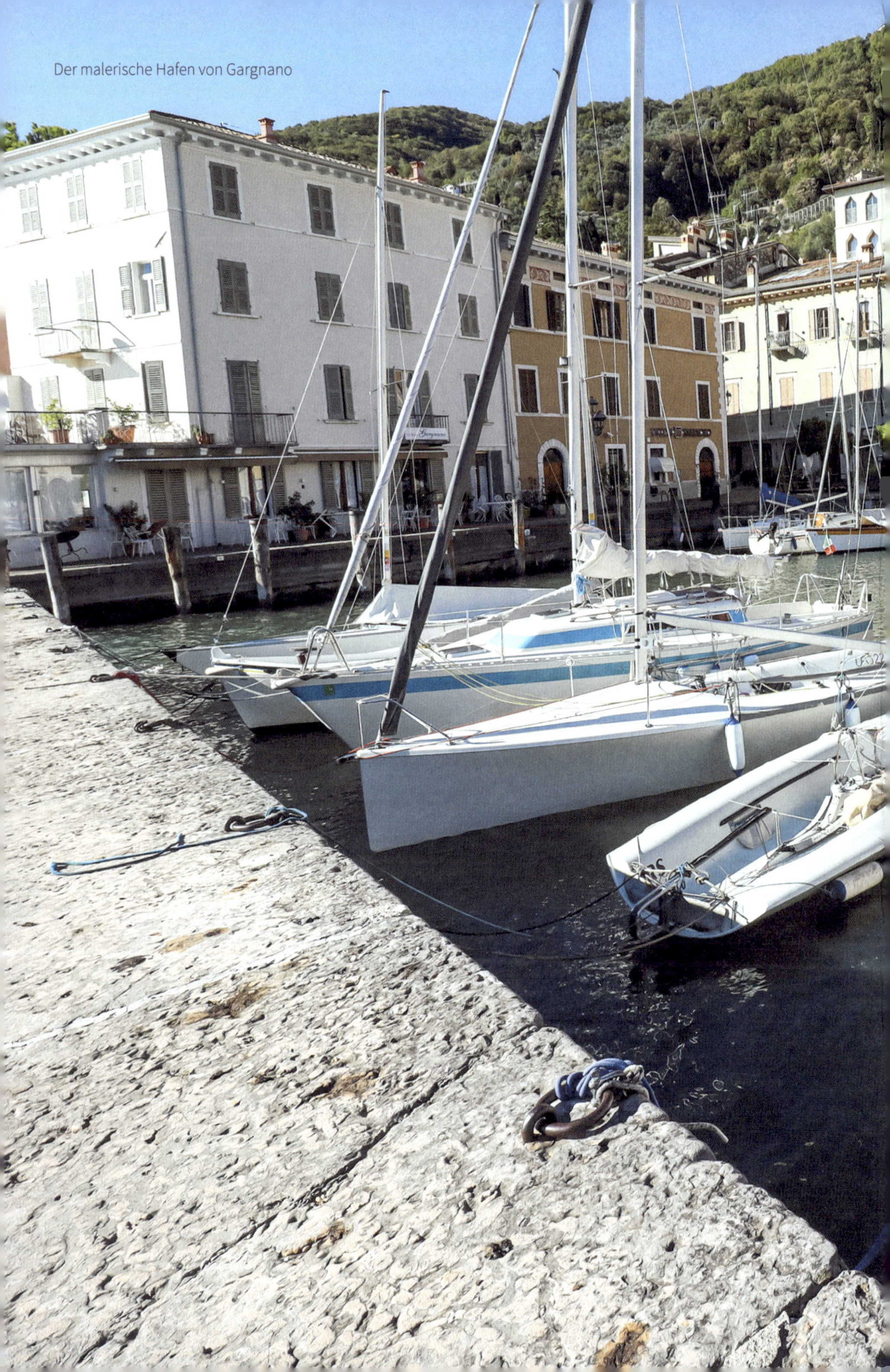

Der malerische Hafen von Gargnano

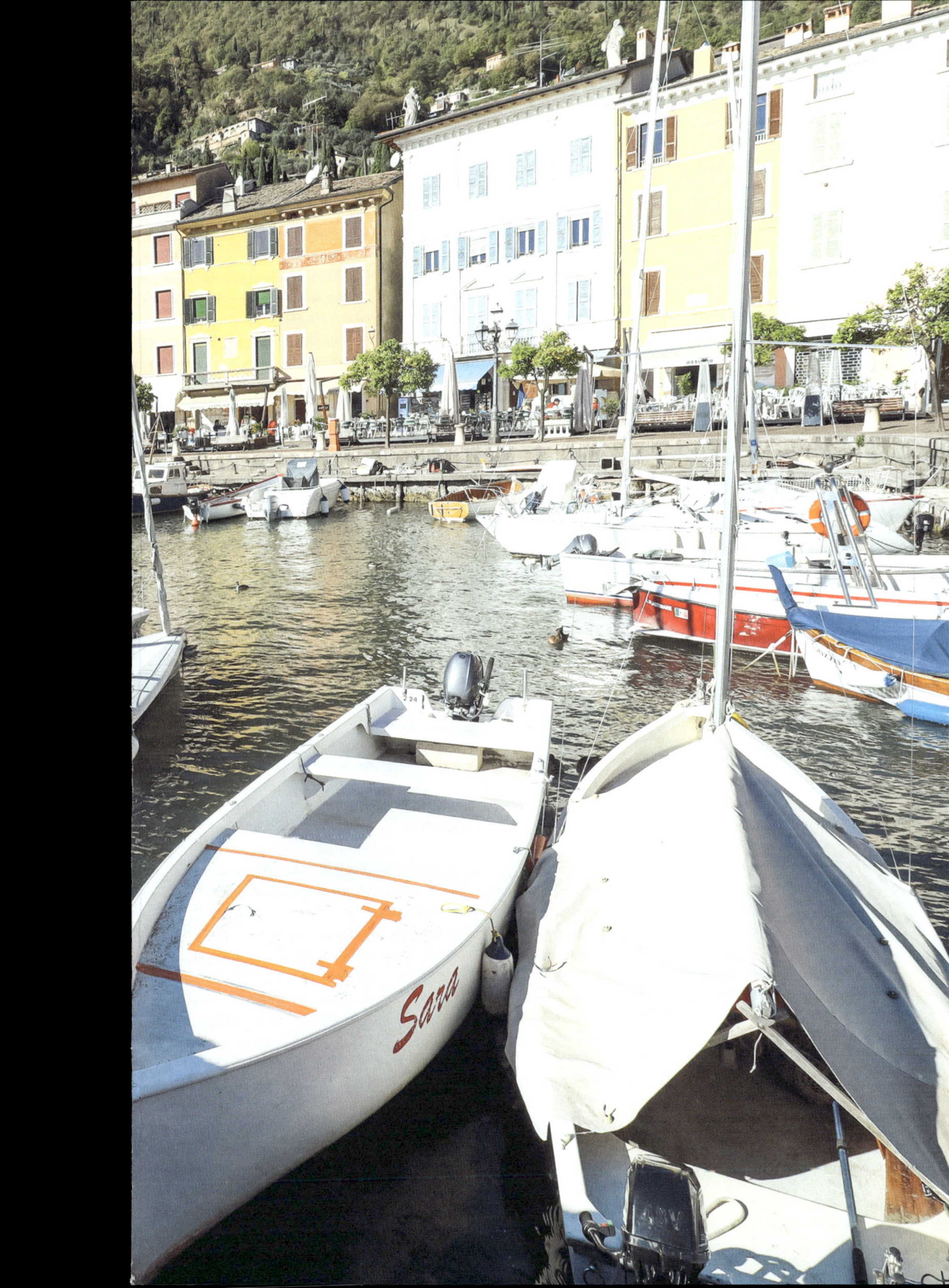
Sara

Bildnachweis

Adobe Stock: S. 26 (gennaro coretti), 28 (DannyIacob), 60 (Patrick Daxenbichler), 82 (blantiag)
Erlacher, Alexandra: S. 122
Lercher, Sabine: S. 12–13, 100
Mayer, Evelyne: S. 6, 46, 78, 90, 92, 106, 116, 126–127
Metz, Gerlinde: S. 62, 64
no.parking: Coverillustration, unter Verwendung von Fotos von Shutterstock (areallart, zendograph)
Shutterstock: S. 4 (New Africa), 8, 44 (lauravr), 72 (Dionisvera)
Alle übrigen Fotos stammen von Peter Righi.

1. Auflage 2024

Lektorat: Adele Brunner, Hermann Gummerer
Grafik und Umbruch: no.parking, Vicenza
Kartografie: Casa Editrice Tabacco Srl, Tavagnacco und Cartomedia, Karlsruhe
Druckvorstufe: Typoplus, Frangart
Druck: Lanarepro, Lana
ISBN 978-3-85256-882-9
www.folioverlag.com